동양북스 베스트 도서

THE
GOAL 1
22,000원

인스타
브레인
15,000원

직장인, 100만 원으로
주식투자 하기
17,500원

당신의 어린 시절이
울고 있다
13,800원

놀면서 스마트해지는 두뇌 자극
플레이북 딴짓거리 EASY
12,500원

죽기 전까지
병원 갈 일 없는 스트레칭
13,500원

가장 쉬운 독학
이세돌 바둑 첫걸음
16,500원

누가 봐도 괜찮은 손글씨 쓰는
법을 하나씩 하나씩 알기 쉽게
13,500원

가장 쉬운 초등 필수 파닉스
하루 한 장의 기적
14,000원

가장 쉬운 알파벳 쓰기
하루 한 장의 기적
12,000원

가장 쉬운 영어 발음기호
하루 한 장의 기적
12,500원

가장 쉬운 초등한자 따라쓰기
하루 한 장의 기적
9,500원

세상에서 제일 쉬운
엄마표 생활영어
12,500원

세상에서 제일 쉬운
엄마표 영어놀이
13,500원

창의쑥쑥 환이맘의
엄마표 놀이육아
14,500원

동양북스
www.dongyangbooks.com
m.dongyangbooks.com

집중 중국어

김태순 지음 구현아 감수
동양북스 교재개발연구소 기획

STEP 4

동양북스

중국어뱅크
집중 중국어 4

초판 2쇄 | 2020년 9월 20일

지은이 | 김태순
감　수 | 구현아
발행인 | 김태웅
편　집 | 신효정, 양수아
디자인 | 정혜미, 남은혜
마케팅 | 나재승
제　작 | 현대순

발행처 | (주)동양북스
등　록 | 제2014-000055호
주　소 | 서울시 마포구 동교로22길 14 (04030)
구입문의 | 전화 (02)337-1737　팩스 (02)334-6624
내용문의 | 전화 (02)337-1762　dybooks2@gmail.com

ISBN　979-11-5768-424-3　14720
ISBN　979-11-5768-264-5 (세트)

이 도서의 국립중앙도서관 출판예정도서목록(CIP)은 서지정보유통지원시스템 홈페이지(http://seoji.nl.go.kr)와
국가자료공동목록시스템(http://www.nl.go.kr/ kolisnet)에서 이용하실 수 있습니다.
(CIP제어번호:CIP2018025428)

본 교재는

기초 내용 **학습** → 본 내용 **이해** → 중요 내용 **연습** → 전체 내용 **복습**

이라는 과정으로 구성되었으며, 학습자들이 쉽고 체계적으로 중국어를 배우고 사용할 수 있도록 하였습니다. 집중 중국어 시리즈는 한국학생들이 베이징의 한 대학에서 유학 생활을 하며 일어나는 여러 가지 이야기를 상황을 나누어 구성하였으며, 주제에 적합한 기본 어휘, 어법 설명 등을 담았습니다. 이 책의 특징은 다음과 같습니다.

1. 발음 설명은 쉽고 자세하게

외국어 공부에 있어서 발음은 기본 중의 기본입니다. 본 시리즈는 발음을 먼저 다지고 시작할 수 있도록 1권 앞부분에 발음 설명을 실었습니다. 전문용어의 사용은 최대한 피하고, 한국어 발음과 비교하여 쉽게 설명했습니다.

2. 일상 생활에서 바로 적용 가능한 실용적인 회화

일상 생활에서 자주 발생하는 상황들을 선정하여 자연스러운 회화를 구성했습니다. 본문뿐만 아니라 연습문제 및 워크북, 어법 설명에 나오는 문장들도 일상에서 자주 쓰이는 내용으로 선정하였기 때문에, 반복되는 학습으로 바로 일상회화를 구사할 수 있습니다.

3. 어법 설명은 최소한으로

어법 설명은 본문을 이해하는 데 도움이 될 정도로만 간략하게 정리했습니다. 개념에 대한 설명은 최소화하고, 어휘 또는 예문을 통해서 이해하도록 했습니다.

4. 반복학습을 통한 자연스러운 습득

대부분의 어휘와 어법 항목을 한 권에서 두세 번 이상 반복해서 공부할 수 있도록 배치했습니다. 차례대로 공부하다 보면 이전에 나왔던 항목들을 복습할 수 있기 때문에 차근차근 공부하며 중국어를 확실히 익힐 수 있습니다.

5. 주제별 보충단어로 어휘 실력 향상

각 과마다 본문과 관련된 보충단어를 주제별로 그림과 함께 실었습니다. 이 부분은 어휘량 향상에 많은 도움이 될 것입니다.

쉽고 재미있어서 꾸준히 공부할 수 있게 되어 어느새 실력을 쑥쑥 높여줄 교재를 만들기 위해 노력하였습니다. 아무쪼록 이 교재가 학습자 여러분의 중국어 실력 향상에 큰 도움이 되기를 바랍니다.

저자 드림

차례

단어

단어를 익히며 회화를 예습해 보세요.

본문에 나오는 새단어를 정리했습니다.
단어를 미리 배우며, 문장을 만들어 보는 연습을 해 보세요.

회화

녹음을 듣고 따라 읽으며 학습해 보세요.

실제 상황에서 자주 쓰는 표현을 중심으로
대화를 구성하였습니다. Tip에 있는 보충
설명으로 문장의 이해를 도왔습니다.

어법

핵심 어법을 학습하며 문장을 이해하세요.

본문에서 꼭 알아야 할 어법을 이해하기 쉽도록
많은 예문과 함께 설명했습니다. 반드시 익히세요.

교체연습

단어를 교체하여 연습하며 주요 문장을 익혀 보세요.

회화에 나오는 주요 문장 중에서 반드시 알아야 할
문장만 선별했습니다. 새로운 단어로 교체하며
확장 연습을 해 보세요.

연습 문제

본문과 관련된 문제를 풀고 실력을 높여 보세요.

본문과 관련된 듣기, 읽기, 쓰기 문제를
풀면서, 복습하세요.

더 배워 볼까요?

본문과 관련된 보충 단어를 익히고 외워 보세요.

본문 주제와 관련된 단어를 추가로 정리했습니다.
사진 또는 그림과 함께 확인해 보세요.

사진으로 배우는 중국 문화

중국에 관한 재미있는 문화와
이야기를 사진과 함께 정리했습니다.

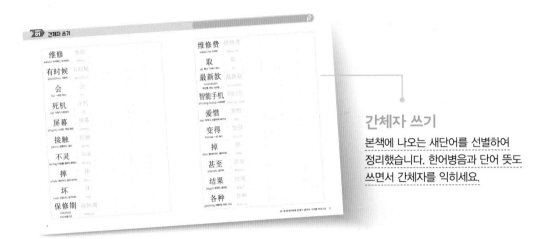

간체자 쓰기

본책에 나오는 새단어를 선별하여
정리했습니다. 한어병음과 단어 뜻도
쓰면서 간체자를 익히세요.

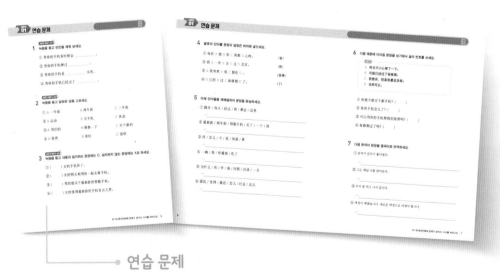

연습 문제

본책에 있는 연습 문제의 확장 연습으로,
문제를 풀고 나면 배운 내용을 모두 정리하고
마스터할 수 있습니다.

만점 짜리 별책 부록은 동양북스 홈페이지 www.dongyangbooks.com 자료실에서 다운로드 받으실 수 있으며, 휴대하고 다니면서 학습할 수 있도록 제공되는 자료입니다.

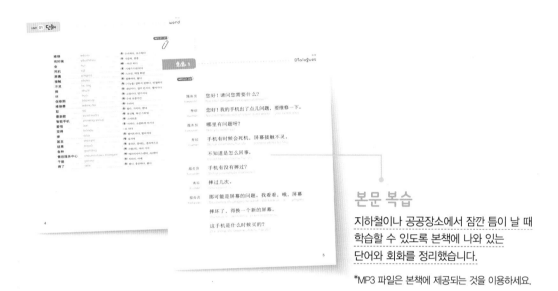

본문 복습

지하철이나 공공장소에서 잠깐 틈이 날 때 학습할 수 있도록 본책에 나와 있는 단어와 회화를 정리했습니다.

*MP3 파일은 본책에 제공되는 것을 이용하세요.

본문 테스트

스스로 실력을 확인할 수 있게 시험지를 제공합니다.
본책에 제공된 MP3를 들으며 풀어보거나, 스스로 문제를 풀어 본 후, 본책 내용을 참고하여 정답을 확인해 보세요.

01 MP3 사용법 일러두기

❶ 본책 MP3 구성

트랙 번호는 아래 구성별로 교재에 기재되어 있습니다.

- ❶ **단어** 　　　녹음을 들으며 새단어를 따라 읽어 보세요.
- ❷ **문형 연습** 　확장되는 문장을 들으며 따라 읽어 보세요.
- ❸ **회화** 　　　문장을 들으며 따라 읽은 후, 다시 반복해서
　　　　　　　　들으며 복습해 보세요.
- ❹ **교체 연습** 　새로운 단어를 교체하며 읽어 주는 문장을 듣고 따라 읽어 보세요.
- ❺ **연습 문제** 　녹음을 듣고 문제를 풀어 보세요.

* 워크북은 연습 문제에 관련된 파일만 있습니다.

❷ MP3 트랙 번호

과 번호　　　　　　　　　　　　　트랙 번호

MP3 01-01

MP3 듣기

* 워크북 트랙 번호는 MP3 W01-01로 표기하였습니다.

02 교재 표기 방법 일러두기

❶ 고유명사 및 인명 표기

중국의 지명, 관광 명소, 요리, 중국 인명은 중국어 발음을 한국어로 표기하였지만,
널리 알려진 고유명사는 한자 발음으로 표기했습니다.

❷ 한어병음 띄어쓰기

- ❶ 이합동사는 모두 붙였습니다.
- ❷ 품사가 없는 단어는 의미에 맞게 띄었고, 조사 또한 모두 띄었습니다.
- ❸ 4개의 단어로 된 [성어], [명사] 등은 2개씩 띄었습니다.
- ❹ 결과보어는 모두 붙였습니다.

③ 단어의 품사약어

명사	명	개사	개	인칭대사		어기조사	
동사	동	형용사	형	의문대사	대	시태조사	조
부사	부	조동사	조동	지시대사		구조조사	
수사	수	접속사	접	수량사	수량	고유명사	고유
양사	양	감탄사	감				

03 등장인물 및 배경 소개

베이징의 한 캠퍼스. 한국 유학생들이 중국에 유학을 가서 생활하는 모습을 담았습니다.

김수진
金秀珍 Jīn Xiùzhēn
한국인, 21살 대학생

박민정
朴敏静 Piáo Mǐnjìng
한국인, 22살 대학생

한정호
韩正浩 Hán Zhènghào
한국인, 24살 대학생

장따웨이
张大伟 Zhāng Dàwěi
중국인, 24살 대학생

리우신화
刘新华 Liú Xīnhuá
중국인, 23살 대학생

우시
吴希 Wú Xī
중국인, 20살 대학생

리징징
李晶晶 Lǐ Jīngjīng
중국인, 23살 대학생

리나
李娜 Lǐ nà
중국인, 26살 회사원

최민수
崔民秀 Cuī Mínxiù
한국인, 28살 회사원

我的手机出了点儿问题，要维修一下。

Wǒ de shǒujī chū le diǎnr wèntí, yào wéixiū yíxià.

제 휴대전화에 문제가 생겨서, 수리를 하려고요.

학습 목표
- 휴대전화 수리 관련 대화 나누기
- 전자 제품 용어 익히기

维修	wéixiū	동 수리하다, 보수하다
有时候	yǒushíhou	부 가끔씩, 종종
会	huì	조동 ~하곤 하다
死机	sǐjī	동 기계가 다운되다
屏幕	píngmù	명 스크린, 액정 화면
接触	jiēchù	동 접촉하다, 닿다
不灵	bù líng	형 (기능을) 잘하지 못하다, 민첩하지 못하다
摔	shuāi	동 내던지다, 집어 던지다, 떨어지다
坏	huài	형 고장나다, 망가지다
保修期	bǎoxiūqī	명 수리 보증기간
维修费	wéixiū fèi	명 수리비
取	qǔ	동 찾다, 가지다, 받다
最新款	zuìxīnkuǎn	명 최신형, 최신 스타일
智能手机	zhìnéng shǒujī	명 스마트폰
爱惜	àixī	동 아끼다, 소중하게 여기다
变得	biànde	~로 되다
掉	diào	동 떨어뜨리다, 떨어지다
甚至	shènzhì	접 심지어
结果	jiéguǒ	접 결국은, 끝내는, 결과적으로
各种	gèzhǒng	형 각종(의), 여러 가지
售后服务中心	shòuhòufúwù zhōngxīn	명 애프터서비스센터, AS센터
干脆	gāncuì	부 차라리, 아예
得了	déle	동 됐다, 충분하다, 좋다

MP3 01-02

회화 1　수진이가 휴대전화를 고치러 AS센터에 갑니다.

服务员 fúwùyuán	您好！请问您需要什么？ Nín hǎo! Qǐngwèn nín xūyào shénme?

秀珍 Xiùzhēn	您好！我的手机出了点儿问题，要维修一下。 Nín hǎo! Wǒ de shǒujī chū le diǎnr wèntí,　yào wéixiū yíxià.

服务员 fúwùyuán	哪里有问题呀？ Nǎli yǒu wèntí ya?

秀珍 Xiùzhēn	手机有时候会死机，屏幕接触不灵， Shǒujī yǒushíhou huì sǐjī,　píngmù jiēchù bù líng, 不知道是怎么回事。① bù zhīdào shì zěnme huí shì.

服务员 fúwùyuán	手机有没有摔过？ Shǒujī yǒu méiyǒu shuāi guo?

秀珍 Xiùzhēn	摔过几次。 Shuāi guo jǐ cì.

服务员 fúwùyuán	那可能是屏幕的问题。我看看，哦，屏幕 Nà kěnéng shì píngmù de wèntí. Wǒ kànkan,　ò,　píngmù 摔坏了，得换一个新的屏幕。 shuāihuài le, děi huàn yí ge xīn de píngmù. 这手机是什么时候买的？ Zhè shǒujī shì shénme shíhou mǎi de?

秀珍　　是两年前买的。
Xiùzhēn　Shì liǎng nián qián mǎi de.

服务员　那已经过了保修期了。
fúwùyuán　Nà yǐjīng guò le bǎoxiūqī le.

您得自己付维修费四百块。
Nín děi zìjǐ fù wéixiū fèi sìbǎi kuài.

秀珍　　好的，没关系。
Xiùzhēn　Hǎo de,　méi guānxi.

您觉得多长时间能修好?
Nín juéde duōcháng shíjiān néng xiūhǎo?

服务员　半个小时就行。
fúwùyuán　Bàn ge xiǎoshí jiù xíng.

您到旁边先休息一会儿。
Nín dào pángbiān xiān xiūxi yíhuìr.

秀珍　　我还有别的事，两个小时以后来取，行吗?
Xiùzhēn　Wǒ hái yǒu biéde shì,　liǎng ge xiǎoshí yǐhòu lái qǔ,　xíng ma?

服务员　好的。
fúwùyuán　Hǎo de.

秀珍　　那我两个小时后再来，谢谢!
Xiùzhēn　Nà wǒ liǎng ge xiǎoshí hòu zài lái, xièxie!

Tip ① '不知道是怎么回事。'에서는 是 앞에 这가 생략되었습니다.

MP3 01-03

회화 2   수진이의 이야기

两年前我买了一个最新款智能手机，花了五千
Liǎng nián qián wǒ mǎi le yí ge zuìxīnkuǎn zhìnéng shǒujī, huā le wǔqiān

多块。刚买的时候，我对新手机非常爱惜，但是过了
duō kuài. Gāng mǎi de shíhou, wǒ duì xīn shǒujī fēicháng àixī, dànshì guò le

几个月后就变得随随便便了。有几次手机掉到地上，
jǐ ge yuè hòu jiù biànde suísuibiànbiàn le.　Yǒu jǐ cì shǒujī diàodào dìshàng,

甚至还掉进过水里，结果现在手机出了各种问题，
shènzhì hái diàojìn guo shuǐ li, jiéguǒ xiànzài shǒujī chū le gèzhǒng wèntí,

有时候还会死机。② 所以我今天去售后服务中心维修了
yǒushíhou hái huì sǐjī.　Suǒyǐ wǒ jīntiān qù shòuhòufúwù zhōngxīn wéixiū le

手机，花了四百块。要是下次还出问题，我想干脆买
shǒujī,　huā le sìbǎi kuài.　Yàoshi xiàcì hái chū wèntí, wǒ xiǎng gāncuì mǎi

一个新的手机得了。
yí ge xīn de shǒujī déle.

 Tip　② 结果는 직역하면 '결과적으로'라는 뜻인데, 본문에서는 '그래서 ~되었다'로 해석하면 됩니다.

01 조동사 会

조동사 会는 '~하곤 하다'라는 뜻으로, 습관적이거나 자주 발생하는 행위나 사건을 묘사할 때 씁니다. 그런데 会가 반드시 '~하곤 하다'로 해석되지 않는 경우도 있으니 주의하세요.

我每天跑步都会经过这里。 나는 매일 조깅을 할 때 이곳을 지나곤 한다.

每次有什么问题他都会来找我。 매번 무슨 문제가 있으면 그는 나를 찾아온다.

每次想你我都会心疼。 너를 생각할 때마다 나는 마음이 아프다.

> **단어** 经过 jīngguò ⑧ 지나가다 | 心疼 xīnténg ⑱ 마음이 아프다

02 중국어의 과거시제 표현

중국어에는 과거·현재·미래라는 시간 개념은 있지만, 체계적인 시제 개념의 어법은 없습니다. 그래서 외국인들에게 중국어 시제 표현은 매우 어려운데, 그중에서도 특히 과거시제가 어렵습니다. 과거의 사건이나 상태 등을 말할 때 한국어는 '~았/었'을 쓰고, 영어는 동사의 과거형을 쓰지만, 중국어에는 반드시 써야 하는 것이 있지 않습니다.

我以前不喜欢吃蔬菜。 나는 이전에 채소를 좋아하지 않았다. I did not like to eat vegetables before.

그래서 문장에 시간을 나타내는 성분이 없다면, 상황이나 문맥에 따라 여러 시제로 해석하기도 합니다.

欢迎你来韩国。 [현재] 한국에 오신 것을 환영합니다. or [미래] 한국에 오실 것을 환영합니다.

여기서 잠깐! 전에 배웠던 了가 과거를 나타내는 성분이 아니냐고요? 了는 과거를 나타내는 것이 아니라 '동작의 완료'를 나타냅니다. 그렇기 때문에 완료의 의미를 나타낼 경우, 시제와 상관 없이 사용할 수 있지요.

你吃饭了吗? 당신 밥 먹었어요?

我们吃了饭，再走吧。 우리 밥 먹고 나서, 갑시다.

그렇다면 시제는 어떻게 표현할까요? 완료·진행·경험 등 동작의 상태(동태 動態)를 설명하는 了, 着, 过 등의 동태조사나 시간부사 등을 사용하여 표현합니다. 과거시제와 동태조사에 대해서는 앞으로 여러 과에 나누어 자세하게 설명하겠습니다.

03 了의 용법 1: 了₁ / 了₂

了의 용법은 중국어 어법에서 가장 까다로운 부분이기 때문에 4권에서 몇 차례 나누어 자세하게 설명하겠습니다. 이해하기 쉽도록 了를 동작의 완료를 나타내는 了₁과 변화 또는 어기를 나타내는 了₂로 구분하도록 하겠습니다.

동작의 완료를 나타내는 了₁은 동사 뒤에 옵니다.

我买了三本书。 나는 책을 세 권 샀다.
我吃了一碗炸酱面。 나는 자장면을 한 그릇 먹었다.

변화 또는 어기를 나타내는 了₂는 문장 끝에 옵니다.

天黑了。 날이 어두워졌다.
已经十二点了。 벌써 열두 시다.

了₁과 了₂는 같이 쓸 수 있습니다.

我已经吃了饭了。 나는 이미 밥을 먹었다.
我买了词典了。 나는 사전을 샀다.

위 문장들의 경우, '먹었다', '샀다'라는 동작의 완료를 특히 강조하고 싶은 경우가 아니라면 了₁을 생략하고 了₂만 남기는 것이 자연스럽습니다.

你买什么了? 我买词典了。 당신은 무엇을 샀나요? 나는 사전을 샀습니다.

어떤 문장에서는 하나의 了가 了₁과 了₂의 용법을 겸하기도 합니다. 아래 문장의 了는 동사 뒤이자 문장 끝에 있으며, 완료와 변화의 의미를 모두 가질 수 있기 때문에 了₁₊₂라고 볼 수 있습니다.

我吃了。 나는 먹었다.
他走了。 그는 갔다.

중국어 학습에 있어서 了₁이냐 了₂냐를 정확하게 구분하는 것은 중요하지 않습니다. 하지만 了의 용법이 매우 복잡하기 때문에 이후의 학습을 위해 기본개념은 다지는 것이 좋겠습니다.

04 빈도부사

자주 쓰는 빈도부사 몇 가지를 소개하겠습니다.

几乎 jīhū 거의 (~하지 않다)	这儿夏天几乎不下雨。 이곳은 여름에 거의 비가 오지 않는다.
偶尔 ǒu'ěr 가끔, 어쩌다	我偶尔去见他。 나는 가끔 그를 만나러 간다.
有时候 어떤 때(는)	有时候我很想他。 어떤 때(는) 나는 그가 그립다.
经常、常常、常 자주	我经常吃中国菜。 나는 중국요리를 자주 먹는다.
每 매번 (每天、每周、每年、每次)	他每天来找我。 그는 매일 나를 찾아온다. 他每次迟到。 그는 매번 지각한다.

단어 想 xiǎng 图 그리워하다 | 迟到 chídào 图 늦다, 지각하다

05 有几次掉到地上了

양사는 일반적으로 동사 뒤에 오지만, 有를 사용하여 동사 앞으로 보낼 수도 있습니다.

有一天他问我为什么学汉语。 어느 날 그는 나에게 왜 중국어를 배우느냐고 물었다.
我有一次去过北京。 나는 베이징에 한 번 간 적이 있다.
我女朋友有几次忘记给我打电话。 내 여자친구는 몇 번 나에게 전화하는 것을 잊은 적이 있다.

단어 忘记 wàngjì 图 잊어버리다

06 变得…

变은 '변하다'라는 뜻의 형용사로, 变 뒤에 형용사를 쓰면 '~하게 되었다', '~하게 변했다'라는 뜻입니다. 변한 내용을 길게 서술할 때는 주로 变 대신 '变得…'를 씁니다.

天气突然变好了。 날씨가 갑자기 좋아졌다.
她变漂亮了。 그녀는 예뻐졌다.
我突然变得很能吃。 나는 갑자기 식사량이 많아졌다.
最近社会怎么变得这么混乱? 요즘 사회가 어째서 이렇게 혼란스러워졌지?

단어 突然 tūrán 图 갑자기 | 社会 shèhuì 图 사회 | 混乱 hùnluàn 图 혼란하다

MP3 01-04

01 那可能是 [A] 的问题。 그럼 아마 A 문제일 거예요.

那可能是
Nà kěnéng shì

屏幕
píngmù

主板
zhǔbǎn

电池
diànchí

充电器
chōngdiànqì

的问题。
de wèntí.

 단어 **主板** zhǔbǎn 몡 메인보드 | **电池** diànchí 몡 배터리, 건전지 | **充电器** chōngdiànqì 몡 충전기

MP3 01-05

02 [A] 是什么时候 [B] 的? A는 언제 B한 거예요?

这手机
Zhè shǒujī

你
Nǐ

他
Tā

这篇小说
Zhè piān xiǎoshuō

是什么时候
shì shénme shíhou

买
mǎi

去
qù

来
lái

写
xiě

的?
de?

MP3 01-06

03 已经 A 了 B 了。 이미 B가/를 A했어요.

已经
Yǐjīng

| 过 guò |
| 吃 chī |
| 看 kàn |
| 喝 hē |

了
le

| 保修期 bǎoxiūqī |
| 饭 fàn |
| 好几遍 hǎo jǐ biàn |
| 两瓶 liǎng píng |

了。
le.

MP3 01-07

04 你觉得 A 能 B ? A에 B할 수 있을까요?

你觉得
Nǐ juéde

| 多长时间 duōcháng shíjiān |
| 多长时间 duōcháng shíjiān |
| 到什么时候 dào shénme shíhou |
| 多少钱 duōshao qián |

能
néng

| 修好? xiūhǎo? |
| 写完? xiěwán? |
| 做好? zuòhǎo? |
| 买到? mǎidào? |

MP3 01-08

1 녹음을 듣고 내용과 일치하는 문장에는 O, 일치하지 않는 문장에는 X표 하세요.

① (   ) 女的想去维修手机。

② (   ) 这个手机是一年前买的。

③ (   ) 这个手机偶尔会死机。

④ (   ) 男的说换一个新的吧。

2 본문 내용에 근거해서 빈칸을 채워 보세요.

两年前秀珍买____一个最新款____。____买的时候，她____手机非常____，但是过____几个月后____随便使用手机。____手机有时候____死机，还出了各种问题。

단어 **使用** shǐyòng 동 사용하다

3 본문 내용에 근거해서 아래 질문에 답해 보세요.

① 秀珍的手机出了什么问题？

⋯▸ _____

② 服务员说秀珍的手机有什么问题？

⋯▸ _____

③ 秀珍的手机多长时间能修好？

⋯▸ _____

④ 要是手机下次还会出问题，秀珍想怎么办？

⋯▸ _____

4 다음 글을 읽고 아래 질문에 답해 보세요.

> 我最近在想，要不要换一个新手机。上次和朋友们一起去餐厅吃饭时，不小心摔在地上把屏幕摔碎了。这个手机用了快两年了，有时候还会死机或者突然关机。这个手机当时是三千多元买的，不算很贵。我的朋友也在劝我换一个新手机。

1 我的手机怎么了？

⋯→ _____

2 这个手机用了多长时间了？

⋯→ _____

3 我的朋友怎么说？

⋯→ _____

> 단어 **碎** suì 통 부서지다, 깨지다 | **关机** guānjī 통 전원을 끄다 | **当时** dāngshí 부 당시 |
> **不算** búsuàn 통 ~한 편은 아니다 | **劝** quàn 통 권하다, 충고하다

5 옆 사람과 함께 휴대전화 매장의 판매원과 손님으로 역할을 나누어, 아래 대화를 참고하여 휴대전화를 구매하는 대화를 나눠보세요.

A: 您好! 您需要哪款手机？
B: 我想看看三星的最新款手机。
A: 最新款是Galaxy S9，现在有白色和黑色两种颜色。
B: 那我先看看黑色吧。内存有多大？
A: 运行内存是6G，存储容量有64G、128G和256G三种。
B: 请先帮我拿一个64G的，我先试一下。

제시단어　*内存* nèicún 메모리 용량
运行 yùnxíng 운행하다
存储容量 cúnchǔ róngliàng 저장 용량

MP3 01-09

冰箱 bīngxiāng
냉장고

烤箱 kǎoxiāng
오븐

燃气灶 ránqìzào
가스레인지

微波炉 wēibōlú
전자레인지

空调 kōngtiáo
에어컨

暖器 nuǎnqì
히터

洗衣机 xǐyījī
세탁기

真空吸尘器 zhēnkōng
xīchénqì 진공청소기

吹风机 chuīfēngjī
헤어드라이어

收音机 shōuyīnjī
라디오

录音机 lùyīnjī
녹음기

遥控器 yáokòngqì
리모콘

중국에서 휴대전화 개통하기에 대해 알아보세요.

중국에서 휴대전화를 개통하려면 이전에는 신분증 없이도 가능했지만, 2013년 9월부터는 반드시 신분증이 필요합니다. 휴대전화 번호는 구매자가 직접 조합할 수는 없고, 판매자가 제시하는 것 중에서 고를 수 있습니다. 중국사람들이 좋아하는 숫자가 많이 들어간 번호는 가격이 더 비싸기도 합니다. 휴대전화 요금은 한국과 다르게 매달 청구되지 않으며, 잔액이 부족할 때마다 선불카드를 사서 충전합니다. 또한 중국에서는 전화 거는 사람뿐만 아니라 받는 사람도 요금을 내야 합니다.

중국 휴대전화 판매 대리점

중국 휴대전화 광고

여러 종류의 중국 휴대전화 U-SIM 및 선불 카드

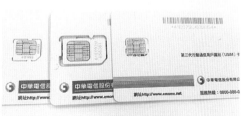

早上我去报名HSK考试了。

Zǎoshang wǒ qù bàomíng HSK kǎoshì le.

아침에 나는 HSK 시험을 접수하러 갔어요.

학습 목표
- HSK 관련 대화 나누기
- 언어 관련 용어 익히기

报名	bàomíng	통 신청하다, 등록하다
级	jí	명 등급, 급
分	fēn	양 점
进步	jìnbù	명 통 진보(하다)
吉言	jíyán	명 상서로운 말, 재수 좋은 말
借你吉言	jiè nǐ jíyán	당신 말대로 잘 되면 좋겠어요
证书	zhèngshū	명 증명서, 증서
过奖	guòjiǎng	통 과찬이십니다, 과분한 칭찬입니다
情况	qíngkuàng	명 상황, 형편
如果	rúguǒ	접 만일, 만약
直接	zhíjiē	형 직접의, 직접적인 부 바로
报名费	bàomíng fèi	명 신청비, 등록비
浪费	làngfèi	통 낭비하다
哪	na	조 어기조사
对话	duìhuà	명 대화
日常	rìcháng	형 일상의, 평소의
基本	jīběn	형 기본적인, 기본의
会话	huìhuà	명 회화
算是	suànshì	통 ~인 셈이다, ~라 할 수 있다
流利	liúlì	형 유창하다, 막힘이 없다
发音	fāyīn	명 발음
口音	kǒuyīn	명 어조, 말씨
背	bèi	통 암기하다, 외다
词汇	cíhuì	명 어휘
写作	xiězuò	통 글을 짓다 명 작문
把握	bǎwò	통 장악하다, 파악하다
至少	zhìshǎo	부 최소한, 적어도
备考	bèikǎo	통 시험 준비를 하다

MP3 02-02

회화 1　민호와 은미는 베이징으로 언어 연수를 하러 온 지 다섯 달이 되었습니다.
오늘 아침 은미는 HSK 접수를 하고 왔습니다.

敏浩　恩美，你早上去哪儿了？
Mǐnhào　Ēnměi,　nǐ zǎoshang qù nǎr le?

我去找你了，正好你不在。
Wǒ qù zhǎo nǐ le,　zhènghǎo nǐ bú zài.

恩美　早上我去报名HSK考试了。
Ēnměi　Zǎoshang wǒ qù bàomíng HSK kǎoshì le.

敏浩　你不是上个月刚考过吗？[①]
Mǐnhào　Nǐ bú shì shàng ge yuè gāng kǎo guo ma?

这么快又要考了？
Zhème kuài yòu yào kǎo le?

要考几级呀？五级吗？
Yào kǎo jǐ jí ya?　Wǔ jí ma?

恩美　不，我又得考四级。
Ēnměi　Bù,　wǒ yòu děi kǎo sì jí.

上次没好好准备，
Shàng cì méi hǎohāo zhǔnbèi,

就差五分没考过。[②]
jiù chà wǔ fēn méi kǎoguò.

敏浩　哎，没事儿的，我觉得你最近汉语进步很大，
Mǐnhào　Āi,　méi shìr de,　wǒ juéde nǐ zuìjìn Hànyǔ jìnbù hěn dà,

这次肯定没问题。
zhè cì kěndìng méi wèntí.

恩美　借你吉言！真希望这次能拿到四级证书。
Ēnměi　Jiè nǐ jíyán!　Zhēn xīwàng zhè cì néng nádào sì jí zhèngshū.

你呢？你什么时候考啊？我看你的汉语这么好，
Nǐ ne?　Nǐ shénme shíhou kǎo a? Wǒ kàn nǐ de Hànyǔ zhème hǎo,

现在考六级也没问题的。
xiànzài kǎo liù jí yě méi wèntí de.

敏浩　过奖，过奖，还差得远呢。我想这学期先考五
Mǐnhào　Guòjiǎng, guòjiǎng, hái chà de yuǎn ne. Wǒ xiǎng zhè xuéqī xiān kǎo wǔ

级，下个学期看情况再考六级。
jí,　xià ge xuéqī kàn qíngkuàng zài kǎo liù jí.

恩美　如果我是你，我会直接考六级。
Ēnměi　Rúguǒ wǒ shì nǐ,　wǒ huì zhíjiē kǎo liù jí.

报名费也很贵嘛，多浪费钱哪！
Bàomíng fèi yě hěn guì ma, duō làngfèi qián na!

敏浩　没事儿，慢慢来吧。
Mǐnhào　Méi shìr,　mànmān lái ba.

 Tip　① 이 문장에서 过는 과거 사건을 가리키고,
② 이 문장에서 过는 결과보어로 쓰였습니다. 자세한 용법은 어법 설명에 있습니다.

MP3 02-03

 회화 2　민호의 이야기

我来中国已经五个月了，来中国以后我的汉语有
Wǒ lái Zhōngguó yǐjīng wǔ ge yuè le, lái Zhōngguó yǐhòu wǒ de Hànyǔ yǒu

了很大的进步。现在上课时老师说的对话差不多都能
le hěn dà de jìnbù. Xiànzài shàngkè shí lǎoshī shuō de duìhuà chàbuduō dōu néng

听懂，日常生活中的基本会话算是比较流利。发音也
tīngdǒng, rìcháng shēnghuó zhōng de jīběn huìhuà suànshì bǐjiào liúlì. Fāyīn yě

不错，韩国人的口音几乎没有了。还有我背了很多词汇，
búcuò, Hánguórén de kǒuyīn jīhū méiyǒu le. Háiyǒu wǒ bèi le hěn duō cíhuì,

现在看书看得也没有以前那么慢。可是写作我真的没有
xiànzài kàn shū kàn de yě méiyǒu yǐqián nàme màn. Kěshì xiězuò wǒ zhēnde méiyǒu

把握，好多汉字都不会写。我想我得两三个月每天背
bǎwò, hǎo duō Hànzì dōu bú huì xiě. Wǒ xiǎng wǒ děi liǎng sān ge yuè měitiān bèi

至少十个汉字才能备考HSK六级。
zhìshǎo shí ge Hànzì cái néng bèikǎo HSK liù jí.

01 过

过는 '~한 적이 있다'라는 뜻으로, 경험을 나타내는 조사입니다. 过는 동작의 완료를 나타내기도 하는데, 이때는 过 뒤에 了가 붙기도 합니다. 동작의 완료를 나타내는 过를 부정할 때는, 没(有)를 쓰고 过와 了는 쓰지 않습니다.

你不是上个月已经考过吗？　너 지난 달에 이미 시험보지 않았어?

我去找过你，可是你不在。　내가 가서 너를 찾았는데, 너 없더라.

你吃饭了吗？　너 밥 먹었어?

吃过了。　먹었어. / 还没(有)吃。　아직 안 먹었어.

02 了의 용법 2: 了₁을 쓰지 않는 동사

了₁은 동작의 완료를 나타내기 때문에 특정 시간 내에 동작을 완료할 수 없는 동사 뒤에는 사용할 수 없습니다.

그는 한국인이었다.	→	他是韩国人。
그의 집은 학교 근처에 있었다.	→	他的家在学校附近。
그는 우리 오빠를 닮았었다.	→	他长得像我哥哥。
그의 이름은 이민호였다.	→	他的名字叫李敏浩。

그래서 이러한 동사가 사용된 과거시제의 부정문에는 没(有)를 쓰지 않고 不를 씁니다.

我去找过你，可是你不在。　내가 가서 너를 찾았는데, 너 없더라.

他以前不是韩国人。　그는 예전에 한국인이 아니었다.

특정 시간 내에 동작을 완료할 수 있는 동사라도 每天, 常常, 经常 등 습관적인 의미를 나타내는 부사가 있을 경우 了₁을 쓰지 않습니다.

그는 전에 매일 계란을 하나 먹었다.	→	他以前每天吃一个鸡蛋。
작년에 그는 자주 신화네 집에 가서 놀았다.	→	去年他常常去新华家玩。
지난 달에는 자주 비가 왔다.	→	上个月经常下雨。

단어 鸡蛋 jīdàn 명 계란

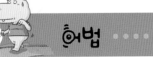

03 考过

考 뒤에는 결과보어 过와 上이 자주 붙습니다. 考过는 '(자격증처럼 정해진 점수나 기준이 있는) 시험에 합격했다'는 의미이며, 考上은 '(대학이나 기관 등의) 시험에 합격했다'라는 의미입니다.

六级我已经考过了。 나는 6급은 이미 합격했다.
希望能考上北京大学。 베이징대학에 합격하면 좋겠다.

커트라인이 있는 시험에서 기준 점수를 넘겼는가 안 넘겼는가는 及格/不及格로 표현합니다.

这次英语考试考了六十一分，刚及格。 이번 영어 시험에서 61점을 맞아서, 겨우 통과했다.
我这次语法考试不及格。 나는 이번 어법 시험을 통과하지 못했다.

> 단어 **及格** jígé 동 합격하다

04 大의 쓰임

형용사 大는 일반적으로 '크다'로 해석되지만, 한국어보다 사용되는 범위가 넓습니다. 다음은 한국어와 달리 중국어에서 大를 쓰는 대표적인 몇 가지 표현입니다.

他比我大三岁。 그는 나보다 세 살 많다.
最近我的汉语有了很大的进步。 최근 내 중국어가 많이 늘었다.
明天会刮大风。 내일은 강한 바람이 불겠습니다.

05 先…，再…

'先…，再…'는 '먼저 ~하고 나서 ~한다'라는 뜻입니다.

我想先考五级，然后再考六级。 나는 먼저 5급을 보고 나서 6급을 보고 싶다.
我们先做作业，再吃饭，怎么样？ 우리 먼저 과제를 하고, 밥 먹는 게, 어때요?
我们先商量商量，然后再做决定。 우리 먼저 상의하고, 다시 결정합시다.

> 단어 **商量** shāngliang 동 상의하다

06 如果

如果는 '만약'이라는 뜻의 접속사입니다. 要是와 용법이 거의 비슷하나, 문어체에서 더 많이 씁니다.

如果有什么问题，你可以来找我。 무슨 문제가 있으면, 나한테 오면 돼요.
如果他不知道呢？ 만약에 그가 모르면요?
如果你现在没有时间的话，可以明天再来。 만약 당신이 지금 시간이 없으면, 내일 다시 와도 돼요.

07 直接

直接는 직역하면 '직접'이라는 뜻인데, 아래와 같이 크게 세 가지 용법으로 씁니다.

直接 + 동사: 다른 간접적인 방식이나 매개체를 거치지 않고 곧바로 ~을 하다
你就直接跟他说吧。 당신은 (다른 사람을 통하지 말고) 곧바로 그에게 말하세요.

直接 + 명사: 직접적인
这件事与那件事没有直接的关系。 이 일은 저 일과 직접적인 관계가 없다.

直接가 술어로 쓰일 때: 직접적이다, 직설적이다
他说话很直接。 그는 말하는 게 아주 직설적이다.
我和王老师的关系很直接。 나와 왕 선생님의 관계는 매우 직접적이다.[다른 사람을 거치지 않아도 된다]

08 어기조사 啊의 변화

어기조사 啊는 문장 끝에서 감탄의 뜻을 나타내는데, 바로 앞에 오는 음절의 맨 끝소리에 따라 발음이 변합니다. 바뀐 발음으로 표기하기도 하며, 원래 발음으로 표기하기도 합니다. 음 변화를 일부러 외우지 않아도 몇 번 연습해 보면 자연스럽게 익힐 수 있습니다.

앞 음절 끝소리		변화된 음(표기법)	예문
i, ü, a, o, e	→	ya (呀)	这儿的风景多美呀！
u, ao, iao	→	wa (哇)	要是你跟我一起去，多好哇！
n	→	na (哪)	看哪，那里有一只熊猫！

MP3 02-04

01 你不是 A 吗? 당신은 A하지 않아요/않았어요?

你不是
Nǐ bú shì

上个月已经考过
shàng ge yuè yǐjīng kǎo guo

从韩国来的
cóng Hánguó lái de

去年已经去过
qùnián yǐjīng qù guo

会写汉字
huì xiě Hànzì

吗?
ma?

MP3 02-05

02 真希望这次能 A 。 이번에는 A할 수 있기를 정말 바래요.

真希望这次能
Zhēn xīwàng zhè cì néng

拿到四级证书。
nádào sì jí zhèngshū.

考上大学。
kǎoshàng dàxué.

买着火车票。
mǎizháo huǒchēpiào.

见他。
jiàn tā.

단어 买着 mǎizháo 통 사서 손에 넣다, 사 가지다

MP3 02-06

03 我想先 [A] ，再 [B] 。 나는 먼저 A하고 나서, B할 생각입니다.

| 我想先 Wǒ xiǎng xiān | 考五级，kǎo wǔ jí,
看看，kànkan,
去图书馆，qù túshūguǎn,
写完报告，xiěwán bàogào, | 再 zài | 考六级。kǎo liù jí.
决定。juédìng.
去超市。qù chāoshì.
去散步。qù sànbù. |

MP3 02-07

04 如果 [A] ，我会 [B] 。 만약 A라면, 나는 B하겠어요.

| 如果 Rúguǒ | 我是你，wǒ shì nǐ,
明天下雨，míngtiān xiàyǔ,
下午有空，xiàwǔ yǒu kòng,
你今天也不来，nǐ jīntiān yě bù lái, | 我会 wǒ huì | 直接考六级。zhíjiē kǎo liù jí.
呆在家里。dāi zài jiāli.
去帮你。qù bāng nǐ.
生气的。shēngqì de. |

단어 **生气** shēngqì 통 화내다, 성내다

MP3 02-08

1 녹음을 듣고 내용과 일치하는 문장에는 O, 일치하지 않는 문장에는 X표 하세요.

1 (　　　) 女的在准备HSK六级。

2 (　　　) 女的这个周末考试。

3 (　　　) 女的觉得考试不难。

4 (　　　) 男的觉得女的考试没问题。

2 본문 내용에 근거해서 빈칸을 채워 보세요.

　　敏浩来中国已经五个月____，现在他的汉语____很大的____。上课时老师说的____差不多都能____，____生活中的基本会话____比较流利。可是写作他真的没有____，好多____都不会写。

3 본문 내용에 근거해서 아래 질문에 답해 보세요.

1 恩美早上去哪儿了？

　…▸ _____

2 敏浩什么时候考六级？

　…▸ _____

3 敏浩来中国几个月了？

　…▸ _____

4 敏浩的汉语写作怎么样？

　…▸ _____

4 다음 글을 읽고 아래 질문에 답해 보세요.

> 　　我来中国一年半了，现在日常对话没有问题，中国朋友说我的词汇量还可以。但是我有点担心下个月的HSK考试，因为有些汉字我学过之后又忘了。我本来想先考五级再考六级，但是报名费有点贵，所以这次直接报名了六级。真希望我能一次考过。

1️⃣ 我来中国多长时间了？

　⋯→ _____

2️⃣ 这次我报了HSK几级？

　⋯→ _____

3️⃣ 中国朋友说我的词汇量怎么样？

　⋯→ _____

> 🔑**단어** **词汇量** cíhuìliàng 몡 어휘량 | **之后** zhīhòu ~한 후에 | **忘** wàng 통 까먹다, 잊다

5 옆 사람과 함께 다음 질문을 묻고 답해 보세요.

1️⃣ 你学汉语多长时间了？你觉得汉语难吗？

　⋯→ _____

2️⃣ 你考过HSK吗？要是考过，你考过了几级？

　⋯→ _____

3️⃣ 我这次报名了HSK五级，你觉得我能考过吗？

　⋯→ _____

4️⃣ 要是你在准备考HSK，你要考几级？

　⋯→ _____

MP3 02-09

会话 huìhuà 회화

听力 tīnglì 듣기

阅读 yuèdú 읽기

写作 xiězuò (글)쓰기

汉字 Hànzì 한자

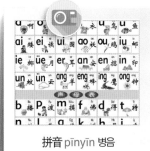
拼音 pīnyīn 병음

声调 shēngdiào 성조

简体字 jiǎntǐzì 간체자

繁体字 fántǐzì 번체자

语法 yǔfǎ 어법

词汇 cíhuì 어휘

生词 shēngcí 새 단어

중국의 전통극, 경극에 대해 알아보세요.

경극 **京剧** jīngjù은 '베이징 **北京** Běijīng의 극'이란 뜻으로, 서양에는 '베이징 오페라'로 알려져 있습니다. 경극은 여러 전통극의 요소가 가미되어 19세기 초 베이징에서 발전하였습니다. 경극은 노래, 대사, 동작, 무술로 구성되는데, 그 중에서 노래가 중심이 됩니다. 의상과 분장은 관객들의 시선을 사로잡기 충분한 만큼 화려합니다. 현재는 장안대극원 **长安大戏院** Cháng'ān dàxìyuàn, 메이란팡대극원 **梅兰芳大剧院** Méilánfāng dàjùyuàn, 후광회관 **湖广会馆** Húguǎng huìguǎn 등에서 경극을 관람할 수 있습니다.

화려한 경극 의상

경극 분장 중인 배우들

유명한 경극 배우 메이란팡

경극을 소재로 만든 영화 패왕별희

祝你一路平安！

Zhù nǐ yílù píng'ān!

가시는 길 평안하길 바래요!

학습 목표
- 작별 인사 나누기
- 배웅하기
- 다양한 환송 인사말 익히기

단어 • Word

收拾	shōushi	통 정리하다, 정돈하다
带	dài	통 지니다, 가지다, 휴대하다
背包	bēibāo	명 배낭
抱歉	bàoqiàn	통 미안해 하다, 미안하게 생각하다
送	sòng	통 배웅하다, 바래다 주다
联系	liánxì	통 연락하다
登机手续	dēngjī shǒuxù	탑승 수속
起飞	qǐfēi	통 이륙하다, 날아오르다
安检	ānjiǎn	명 안전 검사, 보안 검사
比较	bǐjiào	부 비교적
抽	chōu	통 꺼내다, 빼내다, 추출하다
空	kòng	명 틈, 짬, 겨를
微信	Wēixìn	고유 위챗 [중국의 무료 채팅 어플]
早日	zǎorì	부 하루 빨리, 일찍이, 곧
平安	píng'ān	형 평안하다, 무사하다
一下子	yíxiàzi	부 단시간에, 금방, 금새
过去	guòqù	통 지나가다
交	jiāo	통 사귀다, 교제하다
遇到	yùdào	통 만나다, 마주치다
困难	kùnnan	명 곤란, 어려움
共享	gòngxiǎng	통 공유하다, 함께 누리다
分别	fēnbié	통 헤어지다, 이별하다
想念	xiǎngniàn	통 그리워하다
保持	bǎochí	통 지키다, 유지하다
相信	xiāngxìn	통 믿다, 신임하다

MP3 03-02

회화 1 준수가 1년 간의 언어 연수를 마치고 귀국합니다.
신화가 학교에 볼일이 있어서 공항에 배웅나가지 못하는 것을 아쉬워합니다.

新华　俊秀，行李都收拾好了吗?
Xīnhuá　Jùnxiù,　xíngli dōu shōushi hǎo le ma?

护照和机票都带了吧?
Hùzhào hé jīpiào dōu dài le ba?

俊秀　行李都收拾好了，护照和机票在背包里。
Jùnxiù　Xíngli dōu shōushi hǎo le, hùzhào hé jīpiào zài bēibāo li.

新华　真抱歉，我要去学校办点事，
Xīnhuá　Zhēn bàoqiàn, wǒ yào qù xuéxiào bàn diǎn shì,

不能送你去机场了。
bù néng sòng nǐ qù jīchǎng le.

俊秀　没关系。
Jùnxiù　Méi guānxi.

我跟大伟一起去嘛。你忙吧。①
Wǒ gēn Dàwěi yìqǐ qù ma.　Nǐ máng ba.

新华　唉，我真舍不得你走。你可别把我忘了!
Xīnhuá　Āi,　wǒ zhēn shěbude nǐ zǒu.　Nǐ kě bié bǎ wǒ wàng le!

俊秀　怎么会呢? 我们以后常联系吧!
Jùnxiù　Zěnme huì ne?　Wǒmen yǐhòu cháng liánxì ba!

Tip
① '你忙吧。'는 '너 볼 일 봐.', '네 일 해.'라는 의미입니다.
② 比较가 부사로 쓰이면 '비교적'이라는 뜻입니다.

MP3 03-03

호I화 2   공항에서 준수와 따웨이가 인사를 나눕니다.

俊秀   登机手续都办好了。现在是九点十五分，
Jùnxiù   Dēngjī shǒuxù dōu bànhǎo le. Xiànzài shì jiǔ diǎn shíwǔ fēn,

       离起飞时间还有一个小时。
       lí qǐfēi shíjiān háiyǒu yí ge xiǎoshí.

大伟   安检排队还不少人呢，还是早点进去比较好。②
Dàwěi   Ānjiǎn páiduì hái bù shǎo rén ne, háishi zǎo diǎn jìnqù bǐjiào hǎo.

       你快进去吧。
       Nǐ kuài jìnqù ba.

俊秀   嗯，谢谢你抽空来送我。
Jùnxiù   Ňg,   xièxie nǐ chōu kòng lái sòng wǒ.

大伟   咱俩就别客气啦，这是应该的。
Dàwěi   Zán liǎ jiù bié kèqi la,   zhè shì yīnggāi de.

       到了韩国，就给我联系啊。
       Dào le Hánguó, jiù gěi wǒ liánxì a.

俊秀   嗯，我一下飞机就给你发微信。
Jùnxiù   Ňg,   wǒ yí xià fēijī jiù gěi nǐ fā Wēixìn.

       有机会来韩国的话，你一定要来找我呀。
       Yǒu jīhuì lái Hánguó de huà, nǐ yídìng yào lái zhǎo wǒ ya.

大伟   我肯定会的。希望我们能早日再见！
Dàwěi   Wǒ kěndìng huì de. Xīwàng wǒmen néng zǎorì zàijiàn!

       祝你一路平安！
       Zhù nǐ yílù píng'ān!

MP3 03-04

회화 3　준수의 이야기

一年的北京生活一下子就过去了。在北京我认识
Yì nián de Běijīng shēnghuó yíxiàzi jiù guòqù le. Zài Běijīng wǒ rènshi

了很多人，交了几个好朋友。其中，大伟是我最好的
le hěn duō rén, jiāo le jǐ ge hǎo péngyou. Qízhōng, Dàwěi shì wǒ zuì hǎo de

朋友，每次我遇到什么困难他都来帮忙，很多开心的
péngyou, měi cì wǒ yùdào shénme kùnnan tā dōu lái bāngmáng, hěn duō kāixīn de

事情我们也都一起共享。就要离开北京了，还真舍不
shìqing wǒmen yě dōu yìqǐ gòngxiǎng. Jiù yào líkāi Běijīng le, hái zhēn shěbu

得和他分别。我觉得回韩国以后我会非常想念他，
de hé tā fēnbié. Wǒ juéde huí Hánguó yǐhòu wǒ huì fēicháng xiǎngniàn tā,

希望我们能一直保持联系。我相信我们一定会有再见
xīwàng wǒmen néng yìzhí bǎochí liánxì. Wǒ xiāngxìn wǒmen yídìng huì yǒu zàijiàn

面的机会。
miàn de jīhuì.

01 把字文의 특징

把字文은 '사물(목적어)을 어떻게 처치하려는가'라는 의도를 담고 있다고 하여 '처치(处置)식 문장'이라고도 불립니다. 그래서 반드시 특정 사물에 가해진 행위나 처치의 결과를 나타내야 합니다. 把字文의 주요 특징은 다음과 같습니다.

1. 어떤 사물을 처치했는지 지시 대상이 명확해야 합니다.

(O) 我把那本书看完了。 나는 그 책을 다 보았다.　　　　　　　(X) 我把一本书看完了。

2. 처치의 의미가 없는 동사들은 把字文에 사용할 수 없습니다.

知道, 认识, 觉得, 相信, 希望, 看见, 听见 등

3. 특정 사물을 대상으로 어떤 행위를 했는지 자세히 설명해야 합니다. 그래서 동사만 단독으로 쓰지 않고 부차적인 성분이 뒤에 있어야 합니다.

(O) 我想把那本书送给他。 나는 그 책을 그에게 주려고 한다.　(X) 我想把那本书送。
(O) 你把那个吃了吧。 당신이 그거 먹어버려요.　　　　　　(X) 你把那个吃。

02 怎么会

怎么会는 '어떻게 그럴 수 있겠는가'라는 뜻으로, '가능성이 낮다' 또는 '(내가) 그렇게 하지 않겠다'라는 뜻을 나타냅니다.

如果我知道那是最后一次，我怎么会笑着说再见。
만약 그것이 마지막인 줄 알았다면, 내가 어떻게 웃으면서 안녕이라고 말할 수 있었을까요.

비슷한 표현으로, 怎么可能은 '어떻게 그런 일이 가능하겠는가'라는 뜻으로, 怎么会보다 더 강한 어감이며, 怎么能은 '(도의적으로) 어떻게 그런 일을 할 수 있는가'라는 의미를 나타냅니다.

你平时这么努力学习，怎么可能考了零分，应该是记错了。
너 평소에 이렇게 열심히 공부했는데, 어떻게 0점을 맞을 수 있어, 아마 잘못 썼겠지.

你怎么能这样做呢？
당신 어떻게 이럴 수 있어요?

03 了의 용법 3: 了₁의 위치

문장 내에서 了₁의 위치는 다음과 같습니다.

연동문에서는 마지막 동사 뒤에 옵니다.

他来问了我一个问题。 그는 나에게 문제 하나를 물어보러 왔다.
周末我去看了一部电影。 주말에 나는 영화 한 편을 보러 갔다.

동사의 중첩형은 그 사이에 옵니다.

我想了想，可是怎么也想不起来。 나는 생각해 보았으나, 어떻게 해도 생각나지 않았다.
我看了看，可是周围什么都没有。 나는 보고 또 보았으나, 주위에는 아무 것도 없었다.

'동사 + 목적어' 구조로 이루어진 단어는 단어 사이에 옵니다.

我们吃了饭，再说吧。 우리 밥 먹고, 얘기합시다.
我毕了业，就回老家。 나는 졸업하면, 고향에 돌아간다.

※ 아래 문장들의 了는 了₂입니다.

我吃饭了。 나는 밥 먹었다.　　　　　　我毕业了。 나는 졸업했다.

04 了의 용법 4: 문장의 종결

了를 쓸 때 주의할 것이 또 있습니다. 了₁ 뒤의 목적어가 수식하는 성분 없이 단독으로 올 경우 문장이 종결되지 않는 느낌입니다.

(X) 我买了书。　　　　　　　　(X) 我吃了饭。

위의 문장들을 종결시키려면 목적어 앞에 수식어를 붙이거나,

我买了一本书。 나는 책을 한 권 샀다.　　　我吃了两顿饭。 나는 밥을 두 끼 먹었다.

혹은 뒤에 了₂나 다른 구절이 더 있어야 합니다.

我买了书了。 나는 책을 샀다.

我买了书，就回家了。 나는 책을 사고, 바로 집으로 갔다.

我吃了饭，就走。 나는 밥 먹고, 곧 갈 거야.

我吃了饭，再去买书了。 나는 밥 먹고 나서 책을 사러 갔다.

05 一…，就…

'一…, 就…'는 '~하면/하자마자, 곧 ~하다'라는 뜻입니다.

一想到下雪，我就会想起我的小时候。 눈이 내리는 걸 생각하면, 나는 어렸을 때가 생각난다.

他一回到家，就睡觉。 그는 집에 가자마자, 잔다.

我一紧张，就说不出话来。 나는 긴장하면, 말이 나오지 않는다.

> **단어** 紧张 jǐnzhāng 형 긴장하다

06 '보다' 또는 '만나다'라는 뜻의 여러 표현

중국어에는 '보다' 또는 '만나다'라는 뜻을 가진 동사가 많습니다. 대표적인 동사들을 살펴보겠습니다.

看 보다	你看过京剧吗？ 당신은 경극을 본 적이 있나요?
见 보다, 만나다	我要去见张老师。 나는 장 선생님을 만나러 가려고 한다.
见面 만나다	我们已经好久没见面了。 우리는 벌써 오랫동안 만나지 못했다.

결과보어 到와 见을 붙여서도 많이 쓰는데, 구체적인 사물을 볼 때는 到/见 모두 쓰지만, 추상적인 개념에 대해 말할 때는 到만 쓸 수 있습니다.

看到/看见 보다	我昨天看到/看见她了。 나는 어제 그녀를 보았다. 小张看不到事情的本质。 샤오장은 일의 본질을 보지 못한다.
遇到/遇见 우연히 만나다	我昨天遇到/遇见他了。 나는 어제 그를 우연히 만났다. 当时我们遇到了很大的困难。 당시 우리는 아주 큰 어려움을 만났다.
碰到/碰见 우연히 만나다	我在街上碰到/碰见了一个老朋友。 나는 거리에서 오랜 친구를 만났다. 我碰到了很好的机会。 나는 아주 좋은 기회를 만났다.

교체연습

MP3 03-05

01 A 都 B 好了吗? A를 다 B했나요?

行李 Xíngli		收拾 shōushi	
资料 Zīliào	都 dōu	准备 zhǔnbèi	好了吗? hǎo le ma?
票 Piào		买 mǎi	
作品 Zuòpǐn		写 xiě	

단어 资料 zīliào 명 자료 | 作品 zuòpǐn 명 작품

MP3 03-06

02 你可别把 A B 了。 A를 B하면 안 돼요.

	我 wǒ	忘 wàng	
你可别把 Nǐ kě bié bǎ	名字 míngzi	写错 xiěcuò	了。 le.
	这个 zhè ge	吃 chī	
	钱 qián	算错 suàncuò	

단어 算 suàn 계산하다, 셈하다

50

MP3 03-07

03 还是 A 比较好。 그래도 A하는 게 나아요.

还是
Háishi

早点进去
zǎo diǎn jìnqù

买便宜的
mǎi piányi de

多多休息
duōduō xiūxi

提前准备
tíqián zhǔnbèi

比较好。
bǐjiào hǎo.

단어 提前 tíqián 뿐 미리 ⑧ 앞당기다

MP3 03-08

04 你 A 了 B , 就 C 。
당신은 B를/에 A하거든, C하세요.

你 Nǐ		了 le		就 jiù	
	到 dào		韩国, Hánguó,		给我联系吧。 gěi wǒ liánxì ba.
	吃 chī		饭, fàn,		走吧。 zǒu ba.
	见 jiàn		他, tā,		问吧。 wèn ba.
	写完 xiěwán		作业, zuòyè,		睡吧。 shuì ba.

MP3 03-09

1 녹음을 듣고 내용과 일치하는 문장에는 O, 일치하지 않는 문장에는 X표 하세요.

① (   ) 女的乘坐下午四点的飞机。

② (   ) 女的把护照放在了书包里。

③ (   ) 男的要把女的送到机场。

④ (   ) 女的要坐机场大巴去机场。

2 본문 내용에 근거해서 빈칸을 채워 보세요.

　　我在北京____了几个_____，其中，大伟是我_____朋友。每次

我____什么困难他都来____，很多____的事情我们也都一起____。就要

离开北京____，还真_____和他分别。

3 본문 내용에 근거해서 아래 질문에 답해 보세요.

① 新华为什么不能送俊秀去机场？

　　⋯▶ _____

② 俊秀一下飞机就要做什么？

　　⋯▶ _____

③ 在机场大伟送俊秀的时候说什么？

　　⋯▶ _____

④ 俊秀为什么想大伟是他最好的朋友？

　　⋯▶ _____

4 다음 글을 읽고 아래 질문에 답해 보세요.

> 我的飞机是明天下午三点半的，从北京到首尔要飞大约两个小时。因为要办理登机手续，还要过安检，所以明天我打算提前三个小时从家出发。好在我妈妈昨天已经帮我把行李收拾好了，现在我再确认一下护照和钱包在不在背包里就可以了。明天就要走了，还真是舍不得和我妈妈分别呢。

① 我的飞机是从哪儿到哪儿？

…▸ _____

② 明天我打算几点从家出发？

…▸ _____

③ 我的行李是谁收拾的？

…▸ _____

> 단어 **好在** hǎozài 휘 다행히도 | **确认** quèrèn 동 확인하다

5 출국을 앞둔 상황이라고 생각하고, 옆 사람과 함께 다음 질문을 묻고 답해보세요.

① 行李都收拾好了吗？护照也拿好了吧？

…▸ _____

② 下了飞机先给我联系好吗？

…▸ _____

③ 到了北京，你不会把我忘了吧？

…▸ _____

④ 你觉得我明天几点出发去机场比较好？

…▸ _____

MP3 03-10

一路平安!
Yílù píng'ān!
가시는 길 평안하길 빌어요!

一路顺风!
Yílù shùnfēng!
가시는 길 순조롭길 빌어요!

一帆风顺!
Yìfān fēngshùn!
일이 순조롭게 진행되길 빌어요!

保重身体!
Bǎozhòng shēntǐ!
몸조심하세요!

多多保重!
Duōduō bǎozhòng!
부디 몸조심하세요!

后会有期!
Hòu huì yǒuqī!
나중에 또 만나요!

希望能再见面!
Xīwàng néng zài jiànmiàn!
또 만날 수 있기를 바래요!

慢走!
Mànzǒu!
살펴 가세요! 안녕히 가세요!

중국의 전통 무예 태극권에 대해 알아보세요.

태극권 **太极拳** tàijíquán은 송대에 만들어진, 태극 사상을 동작의 기본 원리로 하는 중국 전통 무예입니다. 태극은 우주와 자연의 규칙 및 변화 양상을 설명하는 사상입니다. 태극권은 조용하며, 부드러운 원을 그리는 움직임이 특징입니다. 그 창시자에 대해서는 송대 장삼봉 **张三丰** Zhāng Sānfēng 또는 명대 진 **陈** Chén씨 가문이라는 등 다양한 설이 있습니다. 현대에는 정부에서 태극권을 건강 체조로 적극 보급하여, 공원이나 운동장 등에서 태극권을 수련하는 사람들을 자주 볼 수 있습니다.

태극권의 동작

남녀노소 모두가 즐기는 태극권

공원에서 태극권을 수련하는 사람들

태극권을 소재로 한 영화 태극 장삼봉

你尝尝, 味道怎么样?

Nǐ chángchang, wèidao zěnmeyàng?

맛 좀 보세요, 맛이 어때요?

학습 목표
- 요리 관련 대화 나누기
- 주방 용품, 식재료 관련 용어 익히기

可怜	kělián	형 불쌍하다, 가련하다
西红柿	xīhóngshì	명 토마토
炒	chǎo	동 볶다
马上	mǎshàng	부 곧, 즉시
正好	zhènghǎo	부 마침, 때마침
教	jiāo	동 가르치다
简单	jiǎndān	형 간단하다, 단순하다
材料	cáiliào	명 재료
看起来	kànqǐlái	동 보아하니, 보기에
尝	cháng	동 맛보다
味道	wèidao	명 맛
道	dào	양 요리를 세는 단위
家常菜	jiāchángcài	명 일상 가정 요리, 가정식
拍黄瓜	pāihuángguā	명 중국 오이 무침
打散	dǎsǎn	동 흩뜨리다 [散의 성조 주의]
切	qiē	동 자르다, 썰다
块	kuài	명 덩어리, 조각
开火	kāihuǒ	동 불을 켜다, 발포하다
热锅	rè guō	팬을 달구다
倒	dào	동 따르다, 붓다
油	yóu	명 기름
接着	jiēzhe	부 잇따라, 연이어, 이어서
放	fàng	동 넣다, 타다
熟	shú	형 (음식이) 익다
刚才	gāngcái	명 지금 막, 방금 (전)
加	jiā	동 더하다, 보태다
盐	yán	명 소금
少量	shǎoliàng	명 소량
糖	táng	명 설탕
调和	tiáohé	형 (배합이) 알맞다, 어울리다
酸	suān	형 시다, 시큼하다
出锅	chūguō	동 (요리가) 완성되다

MP3 04-02

회화 1 수진이가 점심에 집으로 돌아왔는데, 징징이 밥을 하고 있습니다.

晶晶 **秀珍，你回来了！**
Jīngjīng Xiùzhēn, nǐ huílái le!

秀珍 **我快饿死了，从早上到现在一直都没吃东西。**
Xiùzhēn Wǒ kuài è sǐ le, cóng zǎoshang dào xiànzài yìzhí dōu méi chī dōngxi.

晶晶 **好可怜哪，我正要做西红柿炒鸡蛋呢，**
Jīngjīng Hǎo kělián na, wǒ zhèngyào zuò xīhóngshì chǎo jīdàn ne,

马上就好。
mǎshàng jiù hǎo.

秀珍 **是我们经常在食堂吃的那个菜吗？太好啦，**
Xiùzhēn Shì wǒmen jīngcháng zài shítáng chī de nà ge cài ma? Tài hǎo la,

我正好想学学怎么做，顺便教教我吧。
wǒ zhènghǎo xiǎng xuéxue zěnme zuò, shùnbiàn jiāojiao wǒ ba.

晶晶 **特别简单。材料都准备好了，你过来看看吧。**
Jīngjīng Tèbié jiǎndān. Cáiliào dōu zhǔnbèi hǎo le, nǐ guòlái kànkan ba.

秀珍 **好。我先去洗个手，马上过来啊。**
Xiùzhēn Hǎo. Wǒ xiān qù xǐ ge shǒu, mǎshàng guòlái a.

MP3 04-03

회화 2   요리를 마치고 두 사람이 맛을 봅니다.

秀珍   哇，看起来很好吃。
Xiùzhēn   Wā, kànqǐlái hěn hǎochī.

晶晶   你尝尝，味道怎么样?
Jīngjīng   Nǐ chángchang, wèidao zěnmeyàng?

秀珍   太好吃啦，
Xiùzhēn   Tài hǎo chī la,

比食堂的好吃多了。
bǐ shítáng de hǎochī duō le.

你真会做菜!
Nǐ zhēn huì zuò cài!

晶晶   哪里，这道家常菜很简单。
Jīngjīng   Nǎli, zhè dào jiāchángcài hěn jiǎndān.

秀珍   我很喜欢吃中国菜，我想回韩国以后也在家
Xiùzhēn   Wǒ hěn xǐhuan chī zhōngguócài, wǒ xiǎng huí Hánguó yǐhòu yě zài jiā

自己做，以后多多教我吧。
zìjǐ zuò, yǐhòu duōduō jiāo wǒ ba.

晶晶   好啊，我每个周末都教你一个家常菜的做法
Jīngjīng   Hǎo a, wǒ měi ge zhōumò dōu jiāo nǐ yí ge jiāchángcài de zuòfǎ

吧。下次你想做什么菜呢?
ba. Xiàcì nǐ xiǎng zuò shénme cài ne?

秀珍   下次就学学拍黄瓜吧? 我来准备材料。
Xiùzhēn   Xiàcì jiù xuéxue pāihuánggguā ba? Wǒ lái zhǔnbèi cáiliào.

MP3 04-04

회화 3 — 징징의 요리 교실

我今天教你怎么做西红柿炒鸡蛋吧。
Wǒ jīntiān jiāo nǐ zěnme zuò xīhóngshì chǎo jīdàn ba.

1、先把鸡蛋打散，再把西红柿切成小块儿。
Xiān bǎ jīdàn dǎsǎn, zài bǎ xīhóngshì qiēchéng xiǎo kuàir.

2、开火热锅，倒点儿油，把鸡蛋炒一下，倒出来。
Kāihuǒ rè guō, dào diǎnr yóu, bǎ jīdàn chǎo yíxià, dào chūlái.

3、接着再倒油，放西红柿炒一下。
Jiēzhe zài dào yóu, fàng xīhóngshì chǎo yíxià.

4、等西红柿炒熟了，把刚才的鸡蛋放进去，
Děng xīhóngshì chǎoshú le, bǎ gāngcái de jīdàn fàng jìnqù,

最后加点儿盐。
zuìhòu jiā diǎr yán.

5、也可以加点少量糖，一点点调和一下西红柿酸的
Yě kěyǐ jiā diǎn shǎoliàng táng, yìdiǎndiǎn tiáohé yíxià xīhóngshì suān de

味道。
wèidao.

好了，出锅咯！①
Hǎo le, chūguō lo!

咱们吃饭吧！
Zánmen chī fàn ba!

 ① 咯(lo)는 了(le)와 哦(o)가 합쳐서 만들어진 조사입니다.

01 正好

正好는 '마침', '딱', '꼭'이라는 뜻의 부사나 '딱 맞다', '딱 좋다'라는 뜻의 서술어로 쓰입니다.

我去的时候正好他不在。 내가 갔을 때 마침 그가 없었다.
我女儿今年正好二十岁。 내 딸은 올해 딱 스무 살이다.
你来得正好。 너는 딱 맞게 왔다.
大伟说他需要笔记本，正好我有一本。
따웨이가 노트가 필요하다고 했는데, 마침 나한테 한 권이 있었다.

> 단어 **笔记本** bǐjìběn 몡 노트

02 의미상의 피동문

3권에서 피동문을 만드는 전치사 被에 대해 배웠지요? '被 + 동사'는 '(~에게) ~당하다'라는 뜻입니다.

他被我打了。 그는 나에게 맞았습니다.
我的钱包被偷了。 내 지갑은 도둑맞았습니다.

그런데 중국어에서는 '~당하다'라는 뜻의 피동문이 아닌 경우 특정한 전치사를 써서 피동문을 만들지 않습니다. 이렇게 전치사 없이 피동문이 되는 문장을 의미상의 피동문이라고 합니다.

材料都准备好了。 재료가 다 준비되었습니다.
菜都做完了。 음식이 다 되었습니다.

03 …起来

起来는 '일어나다'라는 뜻으로, 다른 동사 뒤에 붙으면 '몸을 일으키다', '(어떤 행동이나 상황 등이) 시작되다' 등의 의미가 됩니다. 또는 별 의미 없이 관형적 용법으로 쓰기도 합니다.

那只狗站起来了。 그 개가 일어났다.
我突然想起来他的名字了。 나는 갑자기 그의 이름이 생각났다.
他看起来很帅。 그는 보기에 아주 멋지다.
他的名字听起来怪怪的。 그의 이름은 이상하게 들린다.

> 단어 **怪** guài 혱 이상하다

04 比＋A＋B＋多了

'比＋A＋B＋多了'는 'A보다 많이 B하다'라는 뜻입니다.

我感觉我的汉语比以前好多了。　나는 내 중국어가 예전보다 많이 좋아진 것 같다.

这道题比那道题难多了。　이 문제는 저 문제보다 많이 어렵다.

我听说你生病了，现在应该好多了吧？　너 병 났다며, 지금은 많이 좋아졌지?

📝단어 道 dào 📦 질문을 세는 양사 | 题 tí 📦 (시험) 문제

05 조동사 会

조동사 会는 很, 真, 特别와 같은 정도부사의 수식을 받아 '~를 아주/정말/특별히 잘 한다', '~를 잘 할 줄 안다'라는 뜻을 나타냅니다.

那个人很会说话。　그 사람은 말을 아주 잘한다.

她觉得自己很会唱歌。　그녀는 자신이 노래를 아주 잘한다고 생각한다.

조동사 能도 비슷한 용법으로 쓰는데, 재주가 뛰어나다는 의미가 아니라 능력의 양이 크다는 것을 표현합니다.

他很能吃。　그는 아주 많이 먹습니다.

他特别能喝酒。　그는 유달리 주량이 셉니다.

06 중국어 문장에서 동사의 중요성

어떤 언어든 문장의 중심은 동사입니다. 그런데 중국어는 한국어에 비해 동사의 역할이 더 중요할 때가 많습니다. 한국어는 맥락상 의미 파악이 가능한 경우 문장에서 동사를 생략하기도 하지만, 중국어는 동사를 생략하지 않는 경우가 많습니다.

너 김치찌개 좋아해?	你喜欢吃泡菜汤吗?
나는 중국요리 좋아해.	我很喜欢吃中国菜。
우산 가져가는 거 잊지마!	别忘了带雨伞!

나 공원 가고 싶어. 나도 가고 싶어. 나도.	我想去公园。 (O) 我也想去。 (X) 我也。
내일 따웨이가 올까? 아마 올 거야. 아마.	你觉得明天大伟会来吗? (O) 可能会来。 (X) 可能。

07 결과보어 散

散 sǎn은 '흩어지다', '느슨하다'라는 뜻의 형용사입니다. 散이 결과보어로 쓰이면 '(~의 결과) 흩어졌다/풀어졌다'는 의미입니다.

为什么炒鸡蛋要打散? 달걀을 볶을 때는 왜 풀어야 하죠?

风正在吹散云朵。 바람이 구름을 흩어지게 하고 있다.

怎么才能拆散他们两个人? 어떻게 하면 그 두 사람을 갈라놓을 수 있을까요?

단어 **吹** chuī 동 (바람이) 불다 | **云朵** yúnduǒ 명 구름 | **拆** chāi 동 떼어 내다, 사이를 갈라놓다

08 刚(刚)/刚才

刚(刚)과 刚才는 비슷하게도 쓰이고 다르게도 쓰입니다. 刚은 刚刚으로도 쓰는데, '방금', '꼭', '딱', '겨우'라는 뜻의 부사입니다.

我刚从办公室回来。 나는 방금 사무실에서 돌아왔다.

刚走了一辆公交车。 방금 버스 한 대가 갔다.

不多不少, 刚好。 많지도 적지도 않고, 꼭 맞다.

菜我们准备得不多, 五个人刚可以吃到。
음식을 많이 준비하지 못해서, 다섯 명이 겨우 먹을 수 있다.

刚才는 '방금', '방금 전'이라는 뜻으로, 刚은 부사로만 쓰고, 刚才는 부사, 명사로 쓸 수 있습니다.

你刚才说什么了? 당신 방금 전에 뭐라고 했어요?

天亮了, 现在比刚才暖和了。 날이 밝았다, 지금은 방금 전보다 따뜻해졌다.

你别把刚才的事儿告诉他。 당신은 방금 전 일을 그에게 말하지 마세요.

단어 **亮** liàng 형 밝다

MP3 04-05

01 我从 A 到 B 一直都没 C 。

나는 A부터 B까지 계속 C를 못했어요.

我从	早上	到	现在	一直都没	吃饭。
Wǒ cóng	zǎoshang	dào	xiànzài	yìzhí dōu méi	chī fàn.
	上午		晚上		休息。
	shàngwǔ		wǎnshang		xiūxi.
	昨天		今天		见到他。
	zuótiān		jīntiān		jiàndào tā.
	去年		今年		回家。
	qùnián		jīnnián		huí jiā.

MP3 04-06

02 我正要 A 呢。 나는 마침 A하려던 참이에요.

我正要	做西红柿炒鸡蛋	呢。
Wǒ zhèngyào	zuò xīhóngshì chǎo jīdàn	ne.
	出发	
	chūfā	
	开始	
	kāishǐ	
	给你打电话	
	gěi nǐ dǎ diànhuà	

MP3 04-07

03 A **起来很** B 。 A하기에 매우 B해요.

看 Kàn		忙。 máng.
听 Tīng	**起来很** qǐlái hěn	难。 nán.
说 Shuō		简单。 jiǎndān.
唱 Chàng		好听。 hǎotīng.

MP3 04-08

04 A **真会** B 。 A는 정말 B를 잘해요.

你 Nǐ		做菜。 zuò cài.
他 Tā	**真会** zhēn huì	说话。 shuō huà.
那个人 Nà ge rén		拍马屁。 pāi mǎpì.
我爸爸 Wǒ bàba		唱歌。 chàng gē.

단어 **拍马屁** pāi mǎpì 아첨하다, 알랑거리다

MP3 04-09

1 녹음을 듣고 내용과 일치하는 문장에는 O, 일치하지 않는 문장에는 X표 하세요.

1 (　　) 男的从早上到现在都没吃东西。

2 (　　) 女的想吃西红柿炒鸡蛋。

3 (　　) 女的要做西红柿炒鸡蛋。

4 (　　) 女的要准备米饭。

2 본문 내용에 근거해서 빈칸을 채워 보세요.

　　西红柿炒鸡蛋的 ＿＿＿。

1、先把鸡蛋打＿＿＿，＿＿＿把西红柿切＿＿＿小块儿。

2、开火热锅，＿＿＿点儿油，把鸡蛋＿＿＿，倒出来。

3、＿＿＿再倒油，放西红柿炒一下。

4、＿＿＿西红柿炒熟了，把＿＿＿的鸡蛋放＿＿＿，＿＿＿加点儿盐。

5、＿＿＿加点少量糖，一点点＿＿＿一下西红柿酸的味道。

3 본문 내용에 근거해서 아래 질문에 답해 보세요.

1 秀珍回家以前吃了什么?

…▶ ＿＿＿＿＿＿＿＿＿＿＿＿＿＿＿＿＿＿＿＿＿＿＿＿＿＿＿

2 晶晶做的菜怎么样?

…▶ ＿＿＿＿＿＿＿＿＿＿＿＿＿＿＿＿＿＿＿＿＿＿＿＿＿＿＿

3 做西红柿炒鸡蛋的时候等西红柿炒熟后该做什么?

…▶ ＿＿＿＿＿＿＿＿＿＿＿＿＿＿＿＿＿＿＿＿＿＿＿＿＿＿＿

4 다음 글을 읽고 아래 질문에 답해 보세요.

> 我来中国半年了，汉语讲得不太好，但是已经吃过很多中国菜了。我经常去的有一家饭馆，那里西红柿炒鸡蛋和鱼香肉丝都很好吃，我真想学一下这两道菜，等回到韩国了也能吃。我想先学西红柿炒鸡蛋，它看起来比较简单，我要去问问我的中国朋友会不会。

① 我来中国多长时间了？

⋯▸ _____

② 我想先学什么中国菜？

⋯▸ _____

③ 我为什么想学中国菜？

⋯▸ _____

5 옆 사람과 함께 다음 질문을 묻고 답해 보세요.

① 你会做菜吗？要是会，会做什么菜？

⋯▸ _____

② 你吃过中国菜吗？你喜欢吃什么中国菜？

⋯▸ _____

③ 你会不会做中国菜？

⋯▸ _____

④ 你想学中国菜吗？

⋯▸ _____

MP3 04-10

菜刀 càidāo
식칼

菜板 càibǎn /
砧板 zhēnbǎn 도마

锅 guō
솥 / 냄비 / 프라이팬

筷子 kuàizi 젓가락

勺子 sháozi 숟가락

叉子 chāzi 포크

大勺 dàsháo 국자

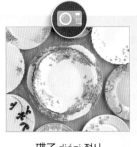

碟子 diézi 접시

壶 hú 주전자

酱油 jiàngyóu 간장

醋 cù 식초

胡椒粉 hújiāofěn 후춧가루

중국의 가정식에 대해 알아보세요.

중국 가정에서 자주 먹는 **家常菜** jiāchángcài에는 주로 볶음요리가 많습니다. 그래서 중국사람들은 '요리할 줄 아세요?'라고 물을 때 '**你会炒菜吗?**'라는 표현을 자주 씁니다. 본문에 나온 **西红柿炒鸡蛋**은 대표적인 **家常菜**이며, 그 외에 다음과 같은 요리들이 있습니다.

炒土豆丝 chǎotǔdòusī 감자채볶음

拍黄瓜 pāihuángguā 오이무침

清炒油菜 qīngchǎoyóucài 청경채볶음

红烧肉 hóngshāoròu 삼겹살찜

韭菜炒鸡蛋 jiǔcàichǎojīdàn 부추달걀볶음

地三鲜 dìsānxiān 감자가지고추볶음

洗完澡，帮我打扫打扫屋子吧。

Xǐwán zǎo, bāng wǒ dǎsǎo dǎsǎo wūzi ba.

샤워 다 하고, 집 청소 하는 것 좀 도와주세요.

학습 목표
- 집안일 도움 청하기
- 휴일 보내는 모습 표현하기
- 청소, 위생 관련 용어 익히기

浑身	húnshēn	명 온몸, 전신
劲(儿)	jìn(r)	명 힘, 기운
夜里	yèli	명 밤, 밤중
熬	áo	동 참고 견디다, 오랫동안 끓이다
熬得住	áo de zhù	참고 견딜 수 있다
国庆节	Guóqìngjié	명 건국 기념일, 개국 기념일, 국경절
假期	jiàqī	명 휴가 기간
哎哟	āiyō	감 아야, 어머나, 아이고
味(儿)	wèi(r)	명 냄새
头发	tóufa	명 머리카락, 두발
天啊	tiān a	감 세상에, 어머나
臭	chòu	형 (냄새가) 지독하다, 역겹다
脏	zāng	형 더럽다, 불결하다
啥	shá	대 무엇, 아무, 무슨, 어느
屋子	wūzi	명 방, 집
屋里	wūli	명 방안, 실내
乱	luàn	형 어지럽다, 무질서하다
整个	zhěnggè	형 전체(의), 전부(의), 온
扫地	sǎodì	동 바닥을 쓸다
拖地	tuōdì	동 바닥을 걸레질하다
清洁	qīngjié	형 청결하다, 깨끗하다
马桶	mǎtǒng	명 변기
老公	lǎogōng	명 남편 [친근하고 허물 없이 부르는 말]
加班	jiābān	동 초과 근무하다, 잔업하다
宅	zhái	동 집에 틀어박혀 있다
打扫	dǎsǎo	동 청소하다
卫生	wèishēng	형 위생적이다 명 위생

MP3 05-02

호호 1 국경절 연휴를 맞아 식구들이 집에서 쉬고 있습니다.①
아침 10시에 엄마가 늦잠자는 아들을 깨웁니다.

妈妈 都十点了，你怎么还在睡觉？快起床！
māma Dōu shí diǎn le, nǐ zěnme hái zài shuìjiào? Kuài qǐchuáng!

儿子 妈，我今天身体不舒服。头疼，浑身没劲儿，
érzi Mā, wǒ jīntiān shēntǐ bù shūfu. Tóuténg, húnshēn méi jìnr,

好像生病了。
hǎoxiàng shēngbìng le.

妈妈 生什么病啊，你这是玩游戏玩的！这几天
māma Shēng shénme bìng a, nǐ zhè shì wán yóuxì wán de! Zhè jǐ tiān

每天都玩到夜里两三点，怎么能熬得住呢！
měitiān dōu wán dào yèli liǎng sān diǎn, zěnme néng áo de zhù ne!

儿子 国庆节假期嘛，就让我多睡会儿吧。
érzi Guóqìngjié jiàqī ma, jiù ràng wǒ duō shuì huìr ba.

妈妈 大家早都起来了，就你没起床。快起来！
māma Dàjiā zǎo dōu qǐlái le, jiù nǐ méi qǐchuáng. Kuài qǐlái!

哎哟，这是什么味儿啊？看看你的头发！
Āiyō, zhè shì shénme wèir a? Kànkan nǐ de tóufa!

什么时候洗的？
Shénme shíhou xǐ de?

Tip ① 국경절(国庆节)은 중화인민공화국의 건국일로 10월 1일입니다. 2000년부터 국경절에는 7일 간의
연휴를 갖습니다.

儿子 我头发有味儿吗？不会吧？我周五刚洗的头发。
érzi Wǒ tóufa yǒu wèir ma? Bú huì ba? Wǒ zhōuwǔ gāng xǐ de tóufa.

妈妈 天啊，今天都已经星期二了。臭死了，
māma Tiān a, jīntiān dōu yǐjīng xīngqī'èr le. Chòusǐ le,

都脏成啥样了，快去洗洗！
dōu zāngchéng shá yàng le, kuài qù xǐxi!

儿子 嗯，好吧。
érzi Ǹg, hǎo ba.

妈妈 洗完澡，
māma Xǐwán zǎo,

帮我打扫打扫屋子吧。屋里好乱好脏啊！
bāng wǒ dǎsǎo dǎsǎo wūzi ba. Wūli hǎo luàn hǎo zāng a!

MP3 05-03

회화 2 샤워를 마친 아들이 엄마에게 어디를 청소해야 하느냐고 묻습니다.

儿子 妈，我要打扫哪里啊？
érzi Mā, wǒ yào dǎsǎo nǎli a?

妈妈 你就把整个屋子扫地、拖地，然后打扫卫生间。
māma Nǐ jiù bǎ zhěnggè wūzi sǎodì, tuōdì, ránhòu dǎsǎo wèishēngjiān.

别忘了清洁马桶！
Bié wàng le qīngjié mǎtǒng!

儿子 嗯，知道了。
érzi Ǹg, zhīdào le.

MP3 05-04

회화 3   엄마의 이야기

每年国庆假期我们一家人都会出去旅游，但是今年
Měinián Guóqìng jiàqī wǒmen yìjiārén dōu huì chūqù lǚyóu, dànshì jīnnián

我老公说他最近天天加班太累，假期想在家休息休息，
wǒ lǎogōng shuō tā zuìjìn tiāntiān jiābān tài lèi, jiàqī xiǎng zài jiā xiūxi xiūxi,

所以这次我们哪儿也没去宅在家里。我们每天就睡个
suǒyǐ zhè cì wǒmen nǎr yě méi qù zhái zài jiāli. Wǒmen měitiān jiù shuì ge

懒觉啦、看看电视啦、吃点好吃的啦，好好休息了一下。
lǎn jiào la、 kànkan diànshì la、chī diǎn hǎochī de la, hǎohǎo xiūxi le yíxià.

今天我想打扫卫生，让儿子帮忙扫地、拖地，并打扫
Jīntiān wǒ xiǎng dǎsǎo wèishēng, ràng érzi bāngmáng sǎodì、tuōdì, bìng dǎsǎo

卫生间，我自己打扫厨房、洗衣服。我觉得假期在家
wèishēngjiān, wǒ zìjǐ dǎsǎo chúfáng, xǐ yīfu. Wǒ juéde jiàqī zài jiā

呆着也挺好的。
dāi zhe yě tǐng hǎo de.

01 生什么病啊

'…什么!'는 '뭘 ~해!'라는 반어문입니다.

看什么呀! 뭘 봐요!
笑什么呀! 왜 웃어요! / 웃긴 뭘 웃어요!

동목이합사('동사 + 목적어' 구조로 이루어진 이합사)의 경우, 什么를 단어 사이에 씁니다.

这么热的时候爬什么山哪! 이렇게 더울 때 등산은 무슨 등산이에요!
这么晚喝什么酒啊! 이렇게 늦었는데 무슨 술을 마셔요!

02 玩游戏玩的

원인을 설명할 때, 상황을 설명하고 '동사 + 的'를 붙여서 '~해서 그런 거다'라고 표현할 수 있습니다. 구어적인 표현입니다.

我眼睛好疼啊，这都是看电脑看的。 나 눈 엄청 아파, 이게 다 컴퓨터 봐서 그래.
我最近一直胃不舒服，可能是喝酒喝的。 나는 요즘 계속 위가 아파, 아마 술 마셔서 그런 것 같아.

단어 眼睛 yǎnjing 명 눈 | 胃 wèi 명 위

03 결과보어 住

결과보어 住는 '정해진 장소에 고정적으로 정착하다', '단단히 ~하다'라는 뜻을 나타냅니다.

你要记住，你是个很重要的人。 기억하세요, 당신은 아주 중요한 사람이에요.
你放心，我抓住了。 안심하세요, 내가 꽉 잡았어요.
电梯为什么突然会停住？ 엘리베이터가 왜 갑자기 멈추나요?

단어 重要 zhòngyào 형 중요하다 | 抓 zhuā 동 잡다 |
电梯 diàntī 명 엘리베이터, 에스컬레이터 | 停 tíng 동 멈추다

04 결과보어와 가능보어

'동사 + 결과보어' 형식 사이에 得나 不를 넣으면 '~할 수 있다', '~할 수 없다'라는 가능보어 형식
이 됩니다.

他说什么我都听懂了。 그가 뭐라고 하는지 나는 다 알아들었다.
他说什么我都听不懂。 그가 뭐라고 하는지 나는 다 못 알아듣겠다.
他叫什么名字？ 我记不住。 그 사람 이름이 뭐지? 나는 못 외우겠어.

'能 + 동사 + 결과보어'는 가능보어와 같은 의미를 나타냅니다.

你能吃完吗？ 다 먹을 수 있어요?

실제 회화에서 가능보어는 긍정형보다 부정형을 더 많이 씁니다. 긍정형은 주로 의문문에서 많이 쓰
고, 부정형은 의문문과 평서문 모두에서 많이 씁니다.

05 就

就는 '~만', '~뿐'이라는 뜻으로, 뒤에 나오는 명사로 범위를 한정하는 역할을 합니다. 이때는 就를
강조해서 읽습니다.

他们家就一个儿子。 그의 집에는 아들 하나뿐이다.
我就去过上海。 나는 상하이만 가 봤다.
昨天就你没来。 어제 너만 안 왔어.
他就学了一个星期。 그는 겨우 일주일 배웠다.

06 '是…的' 구문에서 목적어의 후치

'是…的' 구문에서 목적어가 的 뒤에 있기도 합니다. 이런 경우 의미는 기본형 문장과 같습니다.

你(是)什么时候洗头发的？ = 你(是)什么时候洗的头发？
당신은 언제 머리 감았어요?

你是什么时候去北京的？ = 你是什么时候去的北京？
당신은 언제 베이징에 갔어요?

단, 목적어가 인칭대명사라면 的의 뒤로 갈 수 없습니다.

(O) 你是什么时候看他的？ 당신은 언제 그를 봤어요?

(X) 你是什么时候看的他？

07 의문사 啥

의문사 啥는 '무엇', '무슨'이라는 뜻으로, 什么보다 구어적인 표현입니다.

你刚说啥？ 방금 뭐라고 말했어요?

啥意思？ 뭔 뜻이에요?

你啥时候走？ 당신 언제 가요?

08 洗完澡，帮我打扫打扫屋子吧

3과에서 了₁ 뒤의 목적어가 수식하는 성분 없이 단독으로 나올 경우 문장이 종결되지 않는다고 배웠죠? 결과보어도 그와 비슷해서, 문장을 끝내려면 뒤에 다른 성분이 필요합니다.

我刚刚洗完澡了。 나는 막 샤워를 마쳤다.

我洗完澡，就出去了。 나는 샤워를 하고, 나갔다.

我吃完饭不想洗碗。 나는 밥 먹고 나서 설거지하기 싫다.

 단어 碗 wǎn 명 그릇

09 접속사 并

접속사 并은 '그리고 ~하다'라는 뜻입니다. 이음절 동사를 연결할 때 많이 쓰며, 주어가 같은 두 구절을 연결할 때도 씁니다. 서면어적인 표현입니다.

这次会议讨论并处理了此方面的问题。 이번 회의에서 이 방면의 문제를 토론하고 처리했다.

我在免税店购买一件衬衫并用信用卡付款。
나는 면세점에서 셔츠 하나를 구매하고 신용카드로 결재했다.

단어 **会议** huìyì 명 회의 | **讨论** tǎolùn 동 토론하다 | **处理** chǔlǐ 동 처리하다 |
此方面 cǐ fāngmiàn 이 방면 | **免税店** miǎnshuìdiàn 명 면세점 |
购买 gòumǎi 동 구매하다 | **付款** fùkuǎn 동 지불하다

MP3 05-05

01 都十点了，你怎么还在 A ？

벌써 10시인데, 당신은 어째서 아직도 A하고 있어요?

都十点了，
Dōu shí diǎn le,

你怎么还在
nǐ zěnme hái zài

睡觉?
shuìjiào?

看电视?
kàn diànshì?

玩游戏?
wán yóuxì?

工作?
gōngzuò?

MP3 05-06

02 大家都 A 了，就你没 A 。

다들 A했는데, 당신만 A하지 않았어요.

大家都
Dàjiā dōu

起床
qǐchuáng

来
lái

吃
chī

回家
huí jiā

了，就你没
le, jiù nǐ méi

起床。
qǐchuáng.

来。
lái.

吃。
chī.

回家。
huí jiā.

MP3 05-07

03 A 完 B , 帮我 C 吧。

B를 다 A하고, 내가 C하는 걸 도와주세요.

洗 Xǐ		澡, zǎo,		打扫打扫屋子 dǎsǎo dǎsǎo wūzi	
吃 Chī	完 wán	饭, fàn,	帮我 bāng wǒ	收拾行李 shōushi xíngli	吧。 ba.
做 Zuò		作业, zuòyè,		做菜 zuò cài	
看 Kàn		那本书, nà běn shū,		找一找钥匙 zhǎo yi zhǎo yàoshi	

MP3 05-08

04 别忘了 A ! A하는 거 잊지 말아요!

别忘了
Bié wàng le

清洁马桶!
qīngjié mǎtǒng!

带雨伞!
dài yǔsǎn!

给大伟打电话!
gěi Dàwěi dǎ diànhuà!

回来的时候买菜!
huílái de shíhou mǎi cài!

1 녹음을 듣고 내용과 일치하는 문장에는 O, 일치하지 않는 문장에는 X표 하세요.

MP3 05-09

① (   ) 妈妈让儿子快点儿起床。

② (   ) 儿子想起来吃午饭。

③ (   ) 妈妈说一会儿有客人来。

④ (   ) 儿子不想起床。

2 본문 내용에 근거해서 빈칸을 채워 보세요.

　　我＿＿＿说他最近天天＿＿＿＿太累，国庆假期想在家＿＿＿＿＿。所以我

们这次＿＿＿＿没去，每天就睡＿＿＿懒觉啦、＿＿＿电视啦、吃＿＿＿好吃

的啦，＿＿＿休息了＿＿＿。

3 본문 내용에 근거해서 아래 질문에 답해 보세요.

① 儿子为什么睡懒觉?

…▸ _____

② 儿子的头发怎么样?

…▸ _____

③ 儿子洗完澡该做什么?

…▸ _____

④ 妈妈今年假期怎么在家?

…▸ _____

4 다음 글을 읽고 아래 질문에 답해 보세요.

　　明天就是国庆节了，我们全家要一起出去玩。今天白天我和妈妈把家里的卫生好好地打扫了一下。妈妈打扫了厨房和卧室，我打扫了客厅和洗手间。打扫完之后我洗了个澡，因为打扫卫生时出了很多汗，我的头发也有三天没洗了，又脏又臭。刚才妈妈把行李也收拾好了，明天一早就能直接出发了。

1 国庆节我们打算怎么过？

　…▸ _____

2 我为什么洗澡？

　…▸ _____

3 谁把行李收拾好了？

　…▸ _____

> 단어　**全家** quánjiā 명 온 가족 | **白天** báitiān 명 낮 |
> **出汗** chūhàn 동 땀이 나다 | **一早** yìzǎo 명 아침 일찍

5 옆 사람과 함께 다음 질문을 묻고 답해 보세요.

1 要是有七天的假期你打算怎么过？

　…▸ _____

2 你平时熬夜吗？一般几点起床？

　…▸ _____

3 你平时会帮妈妈打扫卫生吗？

　…▸ _____

4 你喜欢睡懒觉吗？

　…▸ _____

MP3 05-10

洗脸 xǐliǎn 세수하다

沐浴 mùyù 목욕하다

刷牙 shuāyá 양치질하다

牙膏 yágāo 치약

牙刷 yáshuā 칫솔

香皂 xiāngzào 세수비누

肥皂 féizào 빨래비누

洗碗 xǐwǎn 설거지하다

洗衣服 xǐ yīfu 빨래하다

擦 cā 닦다

抹布 mābù 걸레

拖把 tuōbǎ 대걸레

진시황릉의 병마용에 대해 알아보세요.

병마용 **兵马俑** bīngmǎyǒng은 병사와 말을 인형처럼 만든 것으로, 진시황릉에 순장품으로 같이 묻힌 것입니다. 1974년 우물을 파기 위해 땅을 파던 농부가 1호갱을 발견한 뒤로 4호갱까지 발견되었으며, 지금도 발굴 작업이 진행되고 있습니다. 1~4호갱에는 실물보다 조금 크게 만들어진 전차, 병사, 말 등의 도자기 인형이 약 8,000개 정도 매장된 것으로 추정됩니다. 발굴 당시에는 채색된 인형이었으나 햇빛에 노출되자 몇 시간 만에 색이 모두 바랬다고 합니다. 병사들 얼굴이 모두 다르며, 병마용 하나하나가 훌륭한 예술품으로 평가되고 있습니다.

발굴된 병마용의 일부

표정이 모두 다른 병사들

복구 작업 중인 병마용

西安 Xī'ān의 병마용 박물관

我最近喜欢看
《太阳的后裔》。

Wǒ zuìjìn xǐhuan kàn《Tàiyáng de hòuyì》.

나는 요즘 《태양의 후예》를 즐겨 봐요.

학습 목표
- 한국 드라마 관련 대화 나누기
- 방송 관련 용어 익히기

Word

MP3 06-01

超级	chāojí	형 최상급의, 슈퍼(super) [줄여서 超라고도 씀]
韩剧	hánjù	명 한국 드라마
追	zhuī	동 쫓다, 추구하다
灰姑娘	Huīgūniang	명 신데렐라
系列	xìliè	명 계열, 시리즈
王子	wángzǐ	명 왕자
公主	gōngzhǔ	명 공주
爱情	àiqíng	명 (주로 남녀 간의) 애정
故事	gùshi	명 줄거리, 이야기
压力	yālì	명 스트레스, 압력
放松	fàngsōng	동 (정신적 긴장을) 풀다, 느슨하게 하다
后裔	hòuyì	명 후예, 후손
主角	zhǔjué	명 주연, 주인공
般配	bānpèi	형 어울리다, 짝이 맞다
演技	yǎnjì	명 연기
谈恋爱	tán liàn'ài	동 연애하다, 사랑을 속삭이다
…似的	…shìde	조 ~와 같다, ~와 비슷하다
难怪	nánguài	부 어쩐지, 그러길래
自然	zìran	형 자연스럽다, 꾸밈이 없다
本色	běnsè	명 본색, 본성, 본질
出演	chūyǎn	동 출연하다
值得	zhíde	동 ~할 만한 가치가 있다
甜蜜	tiánmì	형 달콤하다, 즐겁다, 행복하다
赶紧	gǎnjǐn	부 재빨리, 서둘러
拍	pāi	동 촬영하다
唯美	wéiměi	형 감미롭다, 탐미하다
比如	bǐrú	접 예컨대, 가령
经典	jīngdiǎn	명 고전 형 대표적인, 표준이 되는
来自	láizì	동 (~에서) 오다
浪漫	làngmàn	형 낭만적이다, 로맨틱하다
炸鸡	zhájī	명 치킨, 통닭
啤酒	píjiǔ	명 맥주

MP3 06-02

우시, 민정, 징징이 한국 드라마에 대해 이야기합니다.

吴希 我超级爱看韩剧，每天有空我都会追一下剧。
Wú Xī
Wǒ chāojí ài kàn hánjù, měitiān yǒu kòng wǒ dōu huì zhuī yíxià jù.

敏静 有那么好看吗？感觉不是灰姑娘系列，就是
Mǐnjìng
Yǒu nàme hǎokàn ma? Gǎnjué bú shì Huīgūniang xìliè, jiùshì

王子和公主的爱情故事，没意思。
wángzǐ hé gōngzhǔ de àiqíng gùshi, méiyìsi.

晶晶 有时候就是压力大了放松一下嘛。我也很爱看。
Jīngjīng
Yǒushíhou jiùshì yālì dà le fàngsōng yíxià ma. Wǒ yě hěn ài kàn.

吴希 我最近喜欢看《太阳的后裔》。
Wú Xī
Wǒ zuìjìn xǐhuan kàn《Tàiyáng de hòuyì》.

晶晶，你看过吗？
Jīngjīng, nǐ kàn guo ma?

晶晶 当然啦！
Jīngjīng
Dāngrán la!

我都看了好几遍了。
Wǒ dōu kàn le hǎo jǐ biàn le.

我记得女主角叫宋慧乔，还有男主角叫什么
Wǒ jìde nǚ zhǔjué jiào Sòng Huìqiáo, hái yǒu nán zhǔjué jiào shénme

名字来着？
míngzi láizhe?

吴希　你是说宋仲基吧？
Wú Xī　Nǐ shì shuō Sòng Zhòngjī ba?

晶晶　对，对。他俩特别般配，演技还超棒！
Jīngjīng　Duì, duì. Tā liǎ tèbié bānpèi, yǎnjì hái chāo bàng!

感觉好像真的谈恋爱似的。
Gǎnjué hǎoxiàng zhēnde tán liàn'ài shìde.

吴希　你不知道吗？他们后来真的谈恋爱，
Wú Xī　Nǐ bù zhīdào ma? Tāmen hòulái zhēnde tán liàn'ài,

都已经结婚了呢。
dōu yǐjīng jiéhūn le ne.

晶晶　是吗？难怪他们演技那么自然，真是本色
Jīngjīng　Shì ma? Nánguài tāmen yǎnjì nàme zìran, zhēnshi běnsè

出演啊。敏静，要是有空，你也看看吧，
chūyǎn a. Mǐnjìng, yàoshi yǒu kòng, nǐ yě kànkan ba,

值得一看。
zhíde yí kàn.

敏静　你们说的那么甜蜜，我赶紧抽空看看。
Mǐnjìng　Nǐmen shuō de nàme tiánmì, wǒ gǎnjǐn chōu kòng kànkan.

MP3 06-03

회화 2　우시의 이야기

我很喜欢看韩剧。有的人说韩剧都是爱情故事，
Wǒ hěn xǐhuan kàn hánjù.　Yǒude rén shuō hánjù dōu shì àiqíng gùshi,

很无聊，但是我却觉得这些爱情故事都拍得非常唯美。
hěn wúliáo, dànshì wǒ què juéde zhèxiē àiqíng gùshi dōu pāi de fēicháng wéiměi.

比如像经典的韩剧《来自星星的你》、《太阳的后裔》
Bǐrú xiàng jīngdiǎn de hánjù《Láizì xīngxing de nǐ》,《Tàiyáng de hòuyì》

这些，非常浪漫甜蜜。我想以后有机会去韩国旅游就
zhèxiē,　fēicháng làngmàn tiánmì. Wǒ xiǎng yǐhòu yǒu jīhuì qù Hánguó lǚyóu jiù

去剧里的景点看看，还有尝一尝韩剧里可以经常看
qù jù li de jǐngdiǎn kànkan, hái yǒu cháng yi cháng hánjù li kěyǐ jīngcháng kàn

到的炸鸡和啤酒。
dào de zhájī hé píjiǔ.

01 有那么…

2권에서 有를 사용해서 비교문을 만들 수 있다고 배웠죠?

首尔有北京这么冷吗? 서울은 베이징만큼 이렇게 춥나요?

비교 대상이 없더라도 '有那么…'를 써서 '그렇게 ~하다'라는 비교의 뜻을 나타낼 수 있습니다.

有那么好听吗? 那我也听听。 그렇게 듣기 좋아요? 그럼 나도 들어볼래요.
有那么远吗? 不会吧。走路一个小时就到呢。
그렇게 멀어요? 그럴 리가요. 걸어서 한 시간이면 가요.

02 不是…，就是…

'不是…，就是…'는 '~이 아니면, ~이다'라는 뜻입니다.

这本书不是李老师写的，就是张老师写的。
이 책은 이 선생님이 쓴 것이 아니면, 장 선생님이 쓴 것이다.

我老公晚上不是看电视，就是看书。
내 남편은 저녁에 TV를 보거나 아니면, 책을 읽는다.

冬天这儿的天气不好，不是下雨，就是阴天。
겨울에 이곳 날씨는 안 좋다, 비가 오거나 아니면, 흐린 날이다.

✎단어 **阴天** yīntiān 몡 흐린 날

03 동량사(动量词)

동작의 횟수를 나타내는 양사를 동량사(动量词)라고 합니다. 자주 쓰는 동량사를 소개합니다.

· **次** cì 번, 차례 등.

我今天还有一次机会。 나는 오늘 기회가 한 번 더 있다.

· **回** huí 번, 회 등으로 次와 비슷함. 구어에서는 주로 次를 사용.

我已经问过好几回。 나는 이미 여러 번 물어봤다.

· **遍 biàn** 번. 동작을 처음부터 끝까지 진행하는 것.

《太阳的后裔》我看过两遍。 《태양의 후예》를 나는 두 번 봤다.

· **下 xià** 물건을 밀거나 물건이 흔들리는 횟수. 동사 뒤에 一下를 쓰면 '가볍게 해보다'는 의미.

请帮我看一下。 저를 도와서 좀 봐주세요.

· **趟 tàng** 왕복하는 횟수.

我打算暑假去青岛一趟。 나는 여름 방학에 칭다오에 한 번 갔다 올 계획이다.

· **顿 dùn** 질책, 꾸짖음, 권유, 욕 등의 횟수.

今天开会，我被老板骂了一顿。 오늘 회의를 했는데, 사장님한테 욕을 먹었다.

> 단어 **开会** kāihuì 통 회의를 열다 | **老板** lǎobǎn 명 사장 | **骂** mà 통 욕하다

---

04 **…来着**

'…来着'는 '~했었다', '~였다'로 해석할 수 있으며, 구절 끝에 붙어 과거에 어떤 일이 발생했었음을 나타냅니다. 구어적인 표현입니다.

他叫什么来着？ 그 친구 이름이 뭐였죠?
他说什么来着？ 그가 뭐라고 말했죠?
我忘了妈妈怎么做泡菜来着。 나는 엄마가 어떻게 김치를 담그셨는지 잊어버렸다.
他刚才在图书馆来着，现在怎么在这里啊？
그는 방금 전에 도서관에 있었는데, 지금 어떻게 여기 있죠?

> 단어 **泡菜** pàocài 명 김치

---

05 **…似的**

'…似的'는 '~같이', '~처럼'이라는 뜻으로, 주로 像, 好像 등과 같이 씁니다. 서면어적인 표현입니다.

那只猫(像)一只老虎似的跑过去。 그 고양이는 호랑이처럼 뛰어간다.
他们俩(像)夫妻似的很亲密。 그 두 사람은 부부처럼 아주 친밀하다.
她特别高兴似的。 그녀는 아주 기쁜 것 같다.

> 단어 **猫** māo 명 고양이 | **老虎** lǎohǔ 명 호랑이 | **夫妻** fūqī 명 부부 | **亲密** qīnmì 형 친밀하다

06 难怪

怪는 '이상하다'라는 뜻으로, 难怪는 '~한 것이 이상하지 않다', '어쩐지'라는 뜻입니다.

难怪他这么高兴，原来今天是他的生日。 어쩐지 그가 이렇게 기뻐하더라니, 오늘이 그의 생일이었다.
难怪找不到人，都吃饭去了。 어쩐지 사람이 없더라니, 다 밥 먹으러 갔다.

怪에는 '탓하다'라는 뜻도 있습니다. 그래서 难怪는 '탓하기 어렵다'라는 뜻으로도 쓰입니다.

这也难怪，她刚来，不太了解情况。 이걸 탓할 수는 없는 게, 그녀는 막 와서, 상황을 잘 모른다.
这也难怪他，他也不是负责人。 이걸로 그를 탓할 수는 없는 게, 그도 책임자가 아니다.

> 단어 原来 yuánlái 및 원래 | 了解 liǎojiě 동 이해하다 | 负责人 fùzérén 명 책임자

07 值得

值得는 '~할 만하다', '(~할 만한) 가치가 있다'라는 뜻의 조동사이며, 부정은 不值得입니다.

这本书值得看一遍。 이 책은 한 번 볼만하다.
买这个手机很值得，性价比很高。 이 휴대전화는 살만한 가치가 있다, 가성비가 매우 높다.
学一门外语，花一年的时间也是值得的。 외국어 하나를 배우는 데, 일 년이라는 시간도 쓸만하다.

> 단어 性价比 xìngjiàbǐ 명 가성비 | 门 mén 양 외국어를 세는 양사 | 外语 wàiyǔ 명 외국어

08 却

却는 '그런데', '~인데도' 등의 의미를 나타내는 부사입니다. 却는 虽然, 但(是) 등의 접속사와 같이 쓰는 경우가 많습니다.

他看起来有点笨，但其实却很聪明。
그는 조금 바보같아 보이지만, 사실 아주 똑똑하다.

虽然学了三年的汉语，发音却还不太准。
비록 삼 년 동안 중국어를 공부했지만, 발음이 아직도 부정확하다.

我们已经好几个星期很努力，但是却什么也没得到。
우리는 벌써 몇 주 동안 노력했지만, 아무 것도 얻지 못했다.

> 단어 笨 bèn 형 우둔하다, 미련하다 | 其实 qíshí 및 사실은 |
> 准 zhǔn 형 정확하다 | 得到 dédào 동 얻다

MP3 06-04

01 有那么 A 吗? 그렇게 A한가요?

有那么
Yǒu nàme

好看
hǎokàn

好吃
hǎochī

漂亮
piàoliang

好听
hǎotīng

吗?
ma?

MP3 06-05

02 A 叫什么来着? A의 이름/제목이 뭐였지요?

男主角
Nán zhǔjué

那本书
Nà běn shū

那部电影
Nà bù diànyǐng

他的女朋友
Tā de nǚpéngyou

叫什么来着?
jiào shénme láizhe?

MP3 06-06

03 感觉好像 A 似的。 마치 A한 것 같더라고요.

感觉好像
Gǎnjué hǎoxiàng

真的谈恋爱
zhēnde tán liàn'ài

特别好吃
tèbié hǎochī

很漂亮
hěn piàoliang

很好听
hěn hǎotīng

似的。
shìde.

MP3 06-07

04 难怪 A 。 어쩐지 A하다 했어요.

难怪
Nánguài

他们演技那么自然。
tāmen yǎnjì nàme zìran.

他的汉语那么流利。
tā de Hànyǔ nàme liúlì.

她长得那么漂亮。
tā zhǎng de nàme piàoliang.

他的个子特别高。
tā de gèzi tèbié gāo.

단어 个子 gèzi 몡 키

1 MP3 06-08

녹음을 듣고 내용과 일치하는 문장에는 O, 일치하지 않는 문장에는 X표 하세요.

① (　　) 女的喜欢看韩剧。

② (　　) 男的觉得韩剧很无聊。

③ (　　) 男生认为韩剧拍得很浪漫。

④ (　　) 女生认为男生不懂浪漫。

2 본문 내용에 근거해서 빈칸을 채워 보세요.

　　吴希很喜欢看____。她觉得韩剧的爱情故事都____非常____。她想以后有____去韩国____就去剧里的____看看，还有____韩剧里可以经常看到的____和____。

3 본문 내용에 근거해서 아래 질문에 답해 보세요.

① 敏静喜欢看韩剧吗？为什么？

⋯▸ _____

② 晶晶为什么看韩剧？

⋯▸ _____

③ 吴希为什么喜欢看韩剧？

⋯▸ _____

④ 吴希去韩国旅游的话，想做什么？

⋯▸ _____

4 다음 글을 읽고 아래 질문에 답해 보세요.

> 　我姐姐最近在看一部韩剧，名字叫《太阳的后裔》。她说这部韩剧拍得很好，男女主角不仅长得好看，演技也好，看起来非常般配。姐姐说看韩剧不仅可以让人放松，而且让人变得更浪漫，还能了解一下韩国文化。我觉得姐姐说的没错，我也打算抽空看几部韩剧。

① 我姐姐最近在干什么？

…▶ ＿＿＿＿＿＿＿＿＿＿＿＿＿＿＿＿＿＿＿＿＿＿

② 我姐姐认为看韩剧有什么好处？

…▶ ＿＿＿＿＿＿＿＿＿＿＿＿＿＿＿＿＿＿＿＿＿＿

③ 我姐姐认为这部韩剧的男女主角怎么样？

…▶ ＿＿＿＿＿＿＿＿＿＿＿＿＿＿＿＿＿＿＿＿＿＿

> 단어 **不仅…而且…** bùjǐn…érqiě… ~할 뿐만 아니라 ~하다 | **文化** wénhuà 몡 문화 |
> **没错** méi cuò 틀리지 않다 | **好处** hǎochu 몡 장점

5 옆 사람과 함께 다음 질문을 묻고 답해 보세요.

① 你喜欢看韩剧吗？你看过什么韩剧？

…▶ ＿＿＿＿＿＿＿＿＿＿＿＿＿＿＿＿＿＿＿＿＿＿

② 你周围有人喜欢看韩剧吗？

…▶ ＿＿＿＿＿＿＿＿＿＿＿＿＿＿＿＿＿＿＿＿＿＿

③ 你觉得韩剧好看还是美剧好看？

…▶ ＿＿＿＿＿＿＿＿＿＿＿＿＿＿＿＿＿＿＿＿＿＿

④ 请你推荐一下好看的韩剧。

…▶ ＿＿＿＿＿＿＿＿＿＿＿＿＿＿＿＿＿＿＿＿＿＿

더 배워 볼까요?

MP3 06-09

韩剧 hánjù 한국 드라마

美剧 měijù 미국 드라마

日剧 rìjù 일본 드라마

电视台 diànshìtái 방송국

电视节目 diànshì jiémù
TV 프로그램

电视剧 diànshìjù
TV 드라마

娱乐节目 yúlè jiémù
오락 프로그램

综艺节目 zōngyì jiémù
예능 프로그램

新闻 xīnwén 뉴스

广告 guǎnggào 광고

艺人 yìrén 연예인

主持人 zhǔchírén
MC / 아나운서

중국에서 인기 있는 한국 프로그램에 대해 알아보세요.

중국에서 한류가 시작된 것은 대략 2000년대 초반입니다. 당시 N.R.G, H.O.T 등의 가수와 영화 《엽기적인 그녀》(2001) 등이 많은 인기를 끌었습니다. 그 후로 가요, 영화뿐만 아니라 드라마와 예능 등 연예계 전반으로 관심이 확산되다가, 2013년 《별에서 온 그대》와 2016년 《태양의 후예》와 같은 드라마가 선풍적인 인기를 끌게 되었습니다. 이후 사드 문제 등으로 한중 관계가 악화되어 한류가 약화되기는 했지만, 지금도 여전히 한국의 인기 프로그램은 비공식적인 통로로 대부분 시청 가능합니다. 다음은 중국에서 크게 인기를 끌었던 한국 프로그램과 한국 예능 포맷을 수입하여 중국에서 다시 만든 프로그램들입니다.

아내의 유혹 妻子的诱惑 Qīzi de yòuhuò

중국판 나는 가수다 我是歌手 Wǒ shì gēshǒu

중국판 아빠 어디 가 爸爸去哪儿 Bàba qù nǎr

중국판 런닝맨 奔跑吧兄弟 Bēnpǎo ba xiōngdi

복습 01~06

• 주요 문장 • 회화 체크 • 주요 어법

1과 我的手机出了点儿问题，要维修一下。

- 请问您需要什么？
- 我的手机出了点儿问题，要维修一下。
- 不知道是怎么回事。
- 那已经过了保修期了。

- 您觉得多长时间能修好？
- 两个小时以后来取，行吗？
- 两年前我买了一个最新款智能手机。
- 我想干脆买一个新的手机得了。

2과 早上我去报名HSK考试了。

- 我去找你了，正好你不在。
- 早上我去报名HSK考试了。
- 你不是上个月刚考过吗？
- 上次没好好准备，就差五分没考过。

- 你最近汉语进步很大，这次肯定没问题。
- 过奖，过奖，还差得远呢。
- 如果我是你，我会直接考六级。
- 我来中国已经五个月了。

3과 祝你一路平安！

- 行李都收拾好了吗？
- 真抱歉，我不能送你去机场了。
- 没关系，你忙吧。
- 我真舍不得你走。

- 离起飞时间还有一个小时。
- 我们以后常联系吧！
- 有机会来韩国的话，你一定要来找我呀。
- 我一下飞机就给你发微信。

4과 你尝尝，味道怎么样?

· 我从早上到现在一直都没吃东西。

· 我正要做西红柿炒鸡蛋呢。

· 我正好想学学怎么做。

· 材料都准备好了，你过来看看吧。

· 我先去洗个手，马上过来啊。

· 看起来很好吃。

· 你尝尝，味道怎么样?

· 比食堂的好吃多了。

5과 洗完澡，帮我打扫打扫屋子吧。

· 都十点了，你怎么还在睡觉?

· 生什么病啊，你这是玩游戏玩的!

· 国庆节假期嘛，就让我多睡会儿吧。

· 大家早都起来了，就你没起床。

· 我周五刚洗的头发。

· 天啊，今天都已经星期二了。

· 臭死了，都脏成啥样了，快去洗洗!

· 洗完澡，帮我打扫打扫屋子吧。

6과 我最近喜欢看《太阳的后裔》。

· 有那么好看吗?

· 有时候就是压力大了放松一下嘛。

· 我最近喜欢看《太阳的后裔》。

· 我都看了好几遍了。

· 男主角叫什么名字来着?

· 感觉好像真的谈恋爱似的。

· 难怪他们演技那么自然。

· 要是有空，你也看看吧，值得一看。

회화 체크

아래의 한국어 문장을 중국어로 바꿔서 말해 보세요.

❶ 무슨 일로 오셨나요?

❷ 제 휴대전화에 문제가 생겨서, 수리를 하려고요.

❸ 이미 수리 보증기간이 지났네요.

❹ 수리하는 데 시간이 얼마나 걸릴까요?

HSK 관련 표현

❶ 아침에 HSK 시험 접수하러 갔었어.

❷ 몇 급 보려고 하는데?

❸ 뭘, 과찬이야, 아직 멀었어.

❹ 내가 너라면, 난 바로 6급을 볼 거야.

배웅하기 관련 표현

❶ 네가 간다니 정말 아쉽다.

❷ 너 나 잊으면 안 돼!

❸ 시간 내서 배웅해 줘서 고마워.

❹ 가는 길 평안하길 바래!

요리 관련 표현

❶ 재료 다 준비됐으니까, 이리 와서 봐봐.

❷ 나 손 먼저 씻고, 금방 올게.

❸ 너 정말 요리를 잘하는구나!

❹ 앞으로 나 많이 가르쳐줘.

청소 관련 표현

❶ 다들 벌써 일어났는데, 너만 아직 안 일어났어.

❷ 다 씻고, 집 청소하는 것 좀 도와줘.

❸ 집이 너무 지저분하고 더럽다!

❹ 엄마, 저 어디 청소해요?

드라마 관련 표현

❶ 난 한국 드라마 보는 거 정말 좋아해.

❷ 가끔 스트레스 받을 때 머리 식히기에 좋잖아.

❸ 난 벌써 여러 번 봤어.

❹ 남자 주인공 이름이 뭐였더라?

주요 어법

01 완료를 나타내는 了₁과 변화 또는 어기를 나타내는 了₂의 구분

동작의 완료를 나타내는 了₁은 동사 뒤에, 변화 또는 어기를 나타내는 了₂는 문장 끝에 옵니다.

我买了三本书。 나는 책을 세 권 샀다.

已经十二点了。 벌써 열두 시다.

了₁과 了₂는 자주 같이 씁니다.

我已经吃了饭了。 나는 이미 밥을 먹었다.

我买了词典了。 나는 사전을 샀다.

동작의 완료를 강조하고 싶은 경우가 아니라면 了₁을 생략하고 了₂만 남기는 것이 자연스럽습니다.

你买什么了? 당신은 무엇을 샀나요?

我买词典了。 나는 사전을 샀습니다.

어떤 문장에서는 하나의 了가 了₁과 了₂의 용법을 겸하기도 합니다. 아래 문장의 了는 동사 뒤이자 문장 끝에 있으며, 완료와 변화의 의미를 모두 가질 수 있기 때문에 了₁₊₂라고 볼 수 있습니다.

我吃了。 나는 먹었다.

他走了。 그는 갔다.

02 了₁의 특징 1: 了₁을 사용할 수 없는 경우

了₁은 동작의 완료를 나타내기 때문에 특정 시간 내에 동작을 완료할 수 없는 동사 뒤에는 사용할 수 없습니다.

그는 한국인이었다.   →   他是韩国人。

그의 집은 학교 근처에 있었다.   →   他的家在学校附近。

그래서 이러한 동사가 사용된 과거시제의 부정문에는 没(有)를 쓰지 않고 不를 씁니다.

我去找过你，可是你不在。 내가 가서 너를 찾았는데, 너 없더라.

他以前不是韩国人。 그는 예전에 한국인이 아니었다.

특정 시간 내에 동작을 완료할 수 있는 동사라도 每天, 常常, 经常 등 습관적인 의미를 나타내는 부사가 있을 경우 了₁을 쓰지 않습니다.

그는 전에 매일 계란을 하나 먹었다.　　　　→　　他以前每天吃一个鸡蛋。

작년에 그는 자주 신화네 집에 가서 놀았다.　→　　去年他常常去新华家玩。

 了₁의 특징 2: 了₁의 위치

연동문에서 了₁은 마지막 동사 뒤에 옵니다.

周末我去看了一部电影。　주말에 나는 영화 한 편을 보러 갔다.

동사의 중첩형은 그 사이에 옵니다.

我看了看，可是周围什么都没有。　나는 보고 또 보았으나, 주위에는 아무 것도 없었다.

'동사 + 목적어' 구조로 이루어진 단어는 단어 사이에 옵니다.

我们吃了饭，再说吧。　우리 밥 먹고, 얘기합시다.

我毕了业，就回老家。　나는 졸업하면, 고향에 돌아간다.

04 **了₁의 특징 3: 了₁을 사용한 문장의 종결**

了₁ 뒤의 목적어가 수식하는 성분 없이 단독으로 사용된 경우 문장이 종결되지 않는 느낌입니다.

(X) 我买了书。　　　　　　(X) 我吃了饭。

위의 문장들을 종결시키려면 목적어 앞에 수식어를 붙이거나,

我买了一本书。　나는 책을 한 권 샀다.

我吃了两顿饭。　나는 밥을 두 끼 먹었다.

혹은 뒤에 了₂ 나 다른 구절이 더 있어야 합니다.

我买了书了。 나는 책을 샀다.

我买了书，就回家了。 나는 책을 사고, 바로 집으로 갔다.

我吃了饭，就走。 나는 밥 먹고, 곧 갈 거야.

05 过의 용법

过는 동작의 완료를 나타내기도 하는데, 이때는 过 뒤에 了가 붙기도 합니다. 동작의 완료를 나타내는 过를 부정할 때는, 没(有)를 쓰고 过와 了는 쓰지 않습니다.

你吃饭了吗？ 너 밥 먹었어?

吃过了。 먹었어. / 还没(有)吃。 아직 안 먹었어.

06 조동사 会의 용법

조동사 会는 '~하곤 하다'라는 뜻으로, 습관적이거나 자주 발생하는 행위나 사건을 묘사할 때 씁니다.

我每天跑步都会经过这里。 나는 매일 조깅을 할 때 이곳을 지나곤 한다.

每次想你我都会心疼。 너를 생각할 때마다 나는 마음이 아프다.

조동사 会는 很, 真과 같은 정도부사의 수식을 받아 '~를 아주/정말/잘 한다'라는 뜻을 나타냅니다.

那个人很会说话。 그 사람은 말을 아주 잘한다.

她觉得自己很会唱歌。 그녀는 자신이 노래를 아주 잘한다고 생각한다.

07 把자문의 특징

把자문은 '사물(목적어)을 어떻게 처치하려는가'라는 의도를 담고 있다고 하여 '처치(处置)식 문장'이라고도 불립니다. 把자문의 주요 특징은 다음과 같습니다.

1. 어떤 사물을 처치했는지 지시 대상이 명확해야 합니다.

    (O) 我把那本书看完了。　나는 그 책을 다 보았다.

    (X) 我把一本书看完了。

2. 처치의 의미를 갖지 않는 동사들은 把자문에 사용할 수 없습니다.

    知道, 认识, 觉得, 相信, 希望, 看见, 听见 등등

3. 특정 사물을 대상으로 어떤 행위를 했는지 자세히 설명해야 합니다. 그래서 동사는 단독으로 쓰지 않고 부차적인 성분을 갖습니다.

    (O) 我想把那本书送给他。　나는 그 책을 그에게 주려고 한다.

    (X) 我想把那本书送。

    (O) 你把那个吃了吧。　그거 먹어버려요.

    (X) 你把那个吃。

08 결과보어와 가능보어

'동사 + 결과보어' 형식 사이에 得나 不를 넣으면 가능보어 형식이 됩니다.

他说什么我都听懂了。　그가 뭐라고 하는지 나는 다 알아들었다.

他说什么我都听不懂。　그가 뭐라고 하는지 나는 다 못 알아듣겠다.

他叫什么名字? 我记不住。　그 사람 이름이 뭐지? 나는 못 외우겠어.

'能 + 동사 + 결과보어'는 가능보어와 같은 의미를 나타냅니다.

你能吃完吗?　당신 다 먹을 수 있어요?

실제 회화에서 가능보어는 긍정형보다 부정형을 더 많이 씁니다. 긍정형은 주로 의문문에서 많이 쓰고, 부정형은 의문문과 평서문 모두에서 많이 씁니다.

你毕业以后有什么计划?

Nǐ bìyè yǐhòu yǒu shénme jìhuà?

당신은 졸업 후에 무슨 계획이 있나요?

학습 목표
- 진로에 관한 대화 나누기
- 학교 생활 관련 용어 익히기

过	guò	통 (한 시기를) 지내다, 보내다
大四	dàsì	명 대학교 4학년 [大学四年级의 약칭]
计划	jìhuà	명 계획
读	dú	통 공부하다, 학교에 가다
研究生	yánjiūshēng	명 대학원생, 연구생
考研	kǎoyán	통 대학원에 응시하다
成绩	chéngjì	명 성적, 성과
容易	róngyì	형 ~하기 쉽다
反正	fǎnzhèng	부 아무튼, 어쨌든
就业	jiùyè	통 취업하다, 취직하다
留	liú	통 머무르다, 묵다
不如	bùrú	통 ~만 못하다, ~하는 편이 낫다
不管	bùguǎn	접 ~을 막론하고, ~든지 간에
竞争	jìngzhēng	명 경쟁
激烈	jīliè	형 격렬하다, 치열하다
当	dāng	통 ~가 되다
科学家	kēxuéjiā	명 과학자
本科	běnkē	명 학부, (학교의) 본과
报	bào	통 신청하다, 지원하다
生物学	shēngwùxué	명 생물학
适合	shìhé	통 알맞다, 적합하다
研究	yánjiū	통 연구
投简历	tóu jiǎnlì	이력서를 넣다, 이력서를 보내다
岗位	gǎngwèi	명 직장, 근무처
要么…要么…	yàome…yàome…	접 ~하든지 ~하든지, ~하거나 ~하거나
要求	yāoqiú	통 요구하다
学历	xuélì	명 학력
符合	fúhé	형 부합하다, 맞다, 일치하다
总算	zǒngsuàn	부 마침내, 드디어, 겨우
实习	shíxí	명 실습, 견습, 인턴
单位	dānwèi	명 부서, 부문, 직장
工资	gōngzī	명 임금, 노임

MP3 07-02

회화 1 우시와 따웨이가 졸업 후 계획에 대해 이야기를 나눕니다.

吴希 这个学期已经过了一半了，时间过得真快。
Wú Xī　Zhè ge xuéqī yǐjīng guò le yí bàn le,　shíjiān guò de zhēn kuài.

大伟 对，我们明年就大四啦。
Dàwěi　Duì,　wǒmen míngnián jiù dàsì la.

你毕业以后有什么计划？
Nǐ bìyè yǐhòu yǒu shénme jìhuà?

吴希 我想读研究生。
Wú Xī　Wǒ xiǎng dú yánjiūshēng.

我打算从下个学期开始复习考研。
Wǒ dǎsuàn cóng xià ge xuéqī kāishǐ fùxí kǎoyán.

大伟 我看你平时成绩那么好，
Dàwěi　Wǒ kàn nǐ píngshí chéngjì nàme hǎo,

你肯定能考上好的大学。
nǐ kěndìng néng kǎoshàng hǎo de dàxué.

吴希 过奖，过奖。最近大家都准备考研，
Wú Xī　Guòjiǎng, guòjiǎng. Zuìjìn dàjiā dōu zhǔnbèi kǎoyán,

我觉得考上研究生也不容易。
wǒ juéde kǎoshàng yánjiūshēng yě bù róngyì.

反正试试看吧。
Fǎnzhèng shìshi kàn ba.

大伟
Dàwěi
现在就业压力好大哦，我也要开始准备找
Xiànzài jiùyè yālì hǎo dà ò, wǒ yě yào kāishǐ zhǔnbèi zhǎo

工作啦！
gōngzuò la!

吴希
Wú Xī
你要在北京找吗？
Nǐ yào zài Běijīng zhǎo ma?

大伟
Dàwěi
我以前想在北京机会更多，
Wǒ yǐqián xiǎng zài Běijīng jīhuì gèng duō,

最好留在北京。
zuìhǎo liú zài Běijīng.

可是现在就觉得北京生活压力太大，
Kěshì xiànzài jiù juéde Běijīng shēnghuó yālì tài dà,

不如去别的城市。
bùrú qù biéde chéngshì.

吴希
Wú Xī
我也觉得不管在哪里工作都差不多的。现在
Wǒ yě juéde bùguǎn zài nǎli gōngzuò dōu chàbuduō de. Xiànzài

竞争那么激烈，能找到一份工作已经很不错了。
jìngzhēng nàme jīliè, néng zhǎodào yí fèn gōngzuò yǐjīng hěn búcuò le.

大伟
Dàwěi
是啊，真希望能找到一份合适的工作。
Shì a, zhēn xīwàng néng zhǎodào yí fèn héshì de gōngzuò.

咱们都加油吧！
Zánmen dōu jiāyóu ba!

MP3 07-03

호화 2 따웨이의 이야기

我以前想当科学家，所以本科报了生物学专业。
Wǒ yǐqián xiǎng dāng kēxuéjiā, suǒyǐ běnkē bào le shēngwùxué zhuānyè.

可是后来我觉得自己不适合做研究，于是选择毕业
Kěshì hòulái wǒ juéde zìjǐ bú shìhé zuò yánjiū, yúshì xuǎnzé bìyè

后就直接工作。可是我投了很多简历，发现很多岗位
hòu jiù zhíjiē gōngzuò. Kěshì wǒ tóu le hěn duō jiǎnlì, fāxiàn hěn duō gǎngwèi

要么要求有工作经验，要么要求有研究生学历。我们
yàome yāoqiú yǒu gōngzuò jīngyàn, yàome yāoqiú yǒu yánjiūshēng xuélì. Wǒmen

本科刚毕业怎么可能符合这些要求啊。后来总算找到
běnkē gāng bìyè zěnme kěnéng fúhé zhèxiē yāoqiú a. Hòulái zǒngsuàn zhǎodào

一家实习单位，可是工资不高还经常加班。我想再
yì jiā shíxí dānwèi, kěshì gōngzī bù gāo hái jīngcháng jiābān. Wǒ xiǎng zài

找一找，可是实在不行我也去考研吧。
zhǎo yi zhǎo, kěshì shízài bùxíng wǒ yě qù kǎoyán ba.

01 试试看

동사를 중첩하면 '가볍게 해보다', '시도해보다'라는 의미가 있다고 배웠죠?

我看看吧。 제가 볼게요.
你试一试这条裤子。 이 바지 입어 보세요.

试试看처럼 동사의 중첩형 뒤에 看을 붙이면 '시도하고 나서 결과가 어떻게 되는지 보다'라는 의미입니다. 예외적으로 看看看은 너무 중복이 되므로 看看으로 씁니다.

不要叫人做，自己做做看，怎么样? 다른 사람에게 하라고 하지 말고, 자기가 해보면, 어때요?
你不用问别人，我来查查看。 다른 사람에게 물어볼 필요 없어요, 내가 찾아볼게요.
如果你先试试看，我们也跟着你做。 만약 당신이 먼저 해보면, 우리도 따라서 할게요.

> 단어 跟着 gēnzhe 동 (뒤)따르다

02 最好

最好는 '~이 제일 좋다'라는 뜻인데, 문장 앞에 써서 '(뒤에 이어지는 설명대로 하는 것이) 제일 좋다'라는 뜻으로도 쓸 수 있습니다.

我觉得这三个当中这个最好。 내 생각에는 이 세 개 중에서 이것이 제일 좋아요.
你最好去问问他怎么想。 당신은 가서 그가 어떻게 생각하는지 물어보는 게 가장 좋겠어요.
还是最好明天再去，今天可能没有人。
아무래도 내일 다시 가는 게 가장 좋겠어요, 오늘은 아마 사람이 없을 거예요.

> 단어 当中 dāngzhōng 명 ~중에

03 不如

不如는 '~만 못하다', '~하는 것만 못하다'라는 뜻입니다. 비교 내용은 써도 되고 쓰지 않아도 됩니다.

今天去不如明天去。 오늘 가는 것은 내일 가는 것만 못하다.
小张不如小李聪明。 샤오장은 샤오리만큼 똑똑하지 못하다.
小张不如小李。 샤오장은 샤오리만 못하다.

不如는 자주 与其(yǔqí '~하기보다는', '~하느니')와 같이 써서 '与其…, 不如…'의 형태로 씁니다.

与其今天去, 不如明天去。 오늘 가느니, 내일 가는 게 낫다.
与其在这家饭馆吃, 不如在家自己做。 이 음식점에서 먹느니, 집에서 직접 요리하는 게 낫다.

04 不管…, 都…

不管은 '~에 관계없이'라는 뜻으로, 주로 '不管…, 都…'의 형식으로 써서 '~에 관계없이, 모두 ~하다'라는 뜻을 나타냅니다.

不管遇到什么困难, 我们都要克服。 무슨 어려움을 당하든지, 우리는 모두 극복해야 한다.
不管怎么忙, 他每天都去看父母。 얼마나 바쁘든지, 그는 매일 부모님을 뵈러 간다.
不管你是好人坏人, 我都喜欢你。
당신이 좋은 사람이든 나쁜 사람이든, 나는 당신을 좋아합니다.

05 合适 / 适合

合适와 适合는 모두 '적합하다'라는 뜻이지만, 合适는 형용사이고, 适合는 동사입니다.

合适 앞에는 정도부사가 올 수 있고, 适合 앞에는 정도부사가 올 수 없습니다.

我们很合适。 우리는 아주 잘 어울려요.
你人很好, 就是我们不太合适。 당신은 좋은 사람이에요, 그저 우리가 별로 안 어울려요.

合适는 명사를 수식할 수 있고, 适合는 수식할 수 없습니다.

(O) 合适的工作 (X) 适合的工作   /   (O) 合适的机会 (X) 适合的机会

둘 다 술어로 쓸 수 있지만, 合适 뒤에는 목적어가 올 수 없고, 适合 뒤에는 목적어나 다른 성분이 와야 합니다.

这件衣服对你很合适。 이 옷은 당신에게 잘 맞아요.
这件衣服适合你的体形。 이 옷은 당신 체형에 잘 맞아요.
怎样知道自己适合做什么? 자기가 무엇을 하기에 적합한지 어떻게 알 수 있나요?

원칙적으로는 合适와 适合의 용법에 차이가 있지만, 실제 언어생활에서는 용법을 구분하지 않고 혼용하는 경우도 많습니다. 하지만 기본적인 용법의 차이는 알아두세요.

06 要么…, 要么…

要么는 '~아니면'의 뜻으로, 상황이 여의치 않을 때 대안을 제시하거나 바람을 나타내는 의미로 씁니다.

办公室的人都下班了，要么明天再来吧。
사무실 사람들 다 퇴근했어요, 아니면 내일 다시 오세요.

现在是晚高峰，路上特别堵，要么坐地铁去吧。
지금은 퇴근시간이라, 길이 많이 막혀요, 아니면 지하철 타고 갑시다.

要么는 한 문장 내에서 '要么…, 要么…'로 겹쳐 쓸 수 있는데, 이 경우 '~든지, ~든지'라는 의미를 나타냅니다.

要么今天去，要么明天去，反正一定要去。
오늘 가든지, 내일 가든지, 아무튼 꼭 가야 돼요.

要么买这个，要么买那个，别的我都不想买。
이걸 사든지, 저걸 사든지, 다른 것은 다 안 사고 싶어요.

🔖단어 **晚高峰** wǎngāofēng 몡 퇴근 시간 교통 체증

07 总算

总은 '종합하다', '모으다', 算은 '계산하다', '~한 셈이다'라는 뜻입니다. 总算은 '겨우', '드디어', '간신히' 또는 '~한 셈이다', '그럭저럭 ~했다'라는 뜻을 나타냅니다.

我总算学会了坚持。 나는 끝까지 버티는 법을 배운 셈이다.
她的梦想总算实现了。 그녀의 꿈이 겨우 실현되었다.
十七日，乌云总算又吹散了。 십칠 일에, 먹구름이 드디어 다시 흩어졌다.

🔖단어 **会** huì 배우다(결과보어) | **实现** shíxiàn 툉 실현되다 | **乌云** wūyún 몡 먹구름

01 我打算从 A 开始 B 。

나는 A부터 B를 시작할 계획이에요.

我打算从 Wǒ dǎsuàn cóng	下个学期 xià ge xuéqī	开始 kāishǐ	复习考研。 fùxí kǎoyán.
	明年 míngnián		找工作。 zhǎo gōngzuò.
	明天 míngtiān		减肥。 jiǎnféi.
	五点半 wǔ diǎn bàn		做菜。 zuò cài.

단어 减肥 jiǎnféi 통 다이어트하다, 살을 빼다

02 我看你 A ，你肯定能 B 。

내가 보기에 당신은 A하니, 분명 B할 수 있을 거예요.

我看你 Wǒ kàn nǐ	平时成绩那么好， píngshí chéngjì nàme hǎo,	你 nǐ 肯定 kěndìng 能 néng	考上好的大学。 kǎoshàng hǎo de dàxué.
	这么有钱， zhème yǒu qián,		买一套房子。 mǎi yí tào fángzi.
	汉语说的这么流利， Hànyǔ shuō de zhème liúlì,		考上六级。 kǎoshàng liù jí.
	性格这么好， xìnggé zhème hǎo,		找到男朋友。 zhǎodào nánpéngyou.

단어 套 tào 양 세트, 조, 벌 | 性格 xìnggé 명 성격

MP3 07-06

03 最好 A 。 A하는 게 가장 좋아요.

最好
Zuìhǎo

留在北京。
liú zài Běijīng.

早点开始。
zǎo diǎn kāishǐ.

先跟他联系。
xiān gēn tā liánxì.

多多练习。
duōduō liànxí.

MP3 07-07

04 不管 A 都差不多的。 A하든지 간에 다 비슷해요.

不管
Bùguǎn

在哪里工作
zài nǎli gōngzuò

买哪个
mǎi nǎge

在哪儿住
zài nǎr zhù

工资多少
gōngzī duōshao

都差不多的。
dōu chàbuduō de.

1 MP3 07-08

녹음을 듣고 내용과 일치하는 문장에는 O, 일치하지 않는 문장에는 X표 하세요.

① (　　　) 女的不准备考研。

② (　　　) 男的打算直接就业。

③ (　　　) 男的专业比较好就业。

④ (　　　) 女的专业比较好就业。

2 본문 내용에 근거해서 빈칸을 채워 보세요.

大伟以前想＿＿科学家，可是后来他觉得自己不＿＿做研究，于

是选择毕业后就＿＿工作。后来他＿＿找到一家实习＿＿，可是工资

＿＿还经常＿＿。他想＿＿不行，自己也要＿＿。

3 본문 내용에 근거해서 아래 질문에 답해 보세요.

① 吴希毕业以后有什么计划？

⋯▸ ＿＿＿＿＿＿＿＿＿＿＿＿＿＿＿＿＿＿＿＿

② 大伟要在北京找工作吗？

⋯▸ ＿＿＿＿＿＿＿＿＿＿＿＿＿＿＿＿＿＿＿＿

③ 找工作时很多岗位要求什么？

⋯▸ ＿＿＿＿＿＿＿＿＿＿＿＿＿＿＿＿＿＿＿＿

④ 大伟找到的工作怎么样？

⋯▸ ＿＿＿＿＿＿＿＿＿＿＿＿＿＿＿＿＿＿＿＿

4 다음 글을 읽고 아래 질문에 답해 보세요.

> 　我现在是大四下学期，大学很快就要毕业了。周围的同学要么在投简历找工作，要么在准备考研。我做了两手准备，一边投了几份简历，一边也在准备考研。我想，不管是考研还是工作，最好能留在山东省，这样离家比较近。现在就业压力大，竞争很激烈，真希望我能找到一份好工作。

❶ 我周围的同学在干什么？

⋯▸ _____

❷ 我做了什么准备？

⋯▸ _____

❸ 毕业后我打算去哪里？为什么？

⋯▸ _____

> 단어 **下学期** xià xuéqī 명 2학기 | **周围** zhōuwéi 명 주변 |
> **两手准备** liǎngshǒu zhǔnbèi 두 가지 준비 |
> **山东省** Shāndōngshěng 고유 산둥성

5 옆 사람과 함께 다음 질문을 묻고 답해 보세요.

❶ 毕业后你打算在哪个地方工作？

⋯▸ _____

❷ 你觉得是直接工作好还是考研好？

⋯▸ _____

❸ 你想找一份什么样的工作？

⋯▸ _____

❹ 为了找工作，你在准备什么呢？

⋯▸ _____

MP3 07-09

小学 xiǎoxué 초등학교

中学 zhōngxué 중고등학교

初中 chūzhōng 중학교

高中 gāozhōng 고등학교

大学 dàxué 대학교

本科 běnkē 학부

硕士 shuòshì 석사

博士 bóshì 박사

入学 rùxué 입학

高考 gāokǎo 대입시험

年级 niánjí 학년

班 bān 반

중국의 학교 제도에 대해 알아보세요.

중국의 학제는 초등학교 6년, 중학교 3년, 고등학교 3년으로 한국과 같습니다. 만 6세에 초등학교에 입학하며, 9월에 1학기가 시작됩니다. 여름방학은 7월 중순에 시작하여 9월 학기가 시작되기까지 대략 6주 정도이며, 겨울방학은 1월 말이나 2월 초에 시작하여 3월 초까지 대략 3~4주 정도입니다. 초등학생부터 고등학생까지 7시 30분 전후로 등교하고, 체육복을 교복으로 입습니다.

교실 풍경

체육 시간

수업 시간

하교 풍경

怎么办呀!
我又长胖了!

Zěnme bàn ya! Wǒ yòu zhǎngpàng le!

어떡해! 나 또 살 쪘어!

학습 목표
- 다이어트에 대한 생각 표현하기
- 도량형 용어 익히기

薄	báo	형	얇다
厚	hòu	형	두껍다
大小	dàxiǎo	명	크기
确实	quèshí	부	확실히, 정말로
长胖	zhǎngpàng	동	살찌다
胖	pàng	형	뚱뚱하다
身材	shēncái	명	몸매, 체격
健康	jiànkāng	명	건강
营养	yíngyǎng	명	영양, 양분
均衡	jūnhéng	형	고르다, 균형이 잡히다
操场	cāochǎng	명	운동장
圈	quān	양	바퀴
既…, 又…	jì…, yòu…		~할 뿐만 아니라, (또) ~하다
打鱼	dǎ yú		물고기를 잡다
晒网	shài wǎng		그물을 말리다
三天打鱼两天晒网	sān tiān dǎ yú liǎng tiān shài wǎng 삼 일은 고기를 잡고 이틀은 그물을 말리다, 작심삼일		
个儿	gèr	명	키, 크기
体重	tǐzhòng	명	체중
米	mǐ	명 양	미터
瘦	shòu	형	마르다, 여위다
好不容易	hǎoburóngyi	부	겨우, 간신히
偏	piān	동	~한 축에 속하다, ~한 편이다
理解	lǐjiě	동	이해하다
过分	guòfèn	동	지나치다, 과분하다

MP3 08-02

회화1   징징과 수진이가 날씨와 다이어트에 관한 이야기를 나눕니다.

晶晶   你怎么穿那么薄的裤子啊？外边挺冷的。
Jīngjīng   Nǐ zěnme chuān nàme báo de kùzi a?   Wàibian tǐng lěng de.

秀珍   是吗？我看看天气预报。哇，上午才五度啊！
Xiùzhēn   Shì ma? Wǒ kànkan tiānqì yùbào.   Wā,   shàngwǔ cái wǔ dù a!

晶晶   一天比一天冷了，快到冬天了。
Jīngjīng   Yì tiān bǐ yì tiān lěng le,   kuàidào dōngtiān le.

你穿厚一点儿吧。
Nǐ chuān hòu yìdiǎnr ba.

秀珍   我有件去年买的厚厚的牛仔裤，今天穿那件吧。
Xiùzhēn   Wǒ yǒu jiàn qùnián mǎi de hòuhòu de niúzǎikù, jīntiān chuān nà jiàn ba.

咦？去年大小正合适的，现在怎么这么紧啊？
Yí? Qùnián dàxiǎo zhèng héshì de, xiànzài zěnme zhème jǐn a?

晶晶   嗯，看起来确实是有点小。
Jīngjīng   Ńg,   kànqǐlái quèshí shì yǒudiǎn xiǎo.

秀珍   怎么办呀！我又长胖了！
Xiùzhēn   Zěnme bàn ya! Wǒ yòu zhǎngpàng le!

晶晶　你哪儿胖啊？那是以前太瘦了，现在身材正好。
Jīngjīng　Nǐ nǎr pàng a? Nà shì yǐqián tài shòu le, xiànzài shēncái zhènghǎo.

秀珍　哎，我还是觉得我太胖了，要开始减肥了！
Xiùzhēn　Āi, wǒ háishi juéde wǒ tài pàng le, yào kāishǐ jiǎnféi le!

从今天开始不吃晚饭了。
Cóng jīntiān kāishǐ bù chī wǎnfàn le.

晶晶　那哪儿行啊，健康才是最重要的。营养还是
Jīngjīng　Nà nǎr xíng a, jiànkāng cái shì zuì zhòngyào de. Yíngyǎng háishi

要均衡，每天去操场跑几圈吧。既可以锻炼
yào jūnhéng, měitiān qù cāochǎng pǎo jǐ quān ba. Jì kěyǐ duànliàn

身体，又可以减肥，多好啊！
shēntǐ, yòu kěyǐ jiǎnféi, duō hǎo a!

秀珍　我一个人去跑步每次都只能三天打鱼两天
Xiùzhēn　Wǒ yí ge rén qù pǎobù měicì dōu zhǐnéng sān tiān dǎ yú liǎng tiān

晒网，坚持不下去。你能陪我一起锻炼吗？
shài wǎng, jiānchí buxiàqù. Nǐ néng péi wǒ yìqǐ duànliàn ma?

晶晶　好呀，要不咱们就从今天开始吧！
Jīngjīng　Hǎo ya, yàobù zánmen jiù cóng jīntiān kāishǐ ba!

MP3 08-03

회화 2 징징의 이야기

秀珍一米六的个儿，体重才九十六斤，我觉得她太
Xiùzhēn yì mǐ liù de gèr,　tǐzhòng cái jiǔshí liù jīn, wǒ juéde tā tài

瘦了。可是今天她说自己去年好不容易减了四斤，今年
shòu le.　Kěshì jīntiān tā shuō zìjǐ qùnián hǎoburóngyi jiǎn le sì jīn,　jīnnián

又胖回来了，要开始减肥。我呢，一米六三，一百二十斤，
yòu pàng huílái le, yào kāishǐ jiǎnféi. Wǒ ne, yì mǐ liù sān, yì bǎi èrshí jīn,

我觉得不胖也不瘦很健康。但是她说我偏胖，也要
wǒ juéde bú pàng yě bú shòu hěn jiànkāng.　Dànshì tā shuō wǒ piān pàng, yě yào

减肥。她觉得人越瘦越好看，我真不能理解。我觉得
jiǎnféi.　Tā juéde rén yuè shòu yuè hǎokàn, wǒ zhēn bù néng lǐjiě. Wǒ juéde

健康更重要，以后也不想过分地减肥。
jiànkāng gèng zhòngyào, yǐhòu yě bù xiǎng guòfèn de jiǎnféi.

01 一天比一天冷了

'一天比一天冷了'는 '날이 갈수록 추워진다'는 뜻입니다. 동일한 명사를 중복하고 比를 사용하면 뒤로 갈수록 정도가 더욱 심해짐을 나타냅니다.

最近水果都涨价了，一个比一个贵。　최근 과일 값이 모두 올라서, 하나같이 비싸다.
我一天比一天更爱你。　나는 날이 갈수록 더 당신을 사랑해요.
店里来的客人一天比一天多了。　가게에 오는 손님이 날이 갈수록 많아진다.
我女儿很会包饺子，她包的一个比一个好看。
우리 딸은 만두를 잘 빚는다, 그녀가 빚은 것은 하나같이 다 예쁘다.

🔖단어　涨价 zhǎngjià ⑧ 가격이 오르다 |
包 bāo ⑧ (만두를) 빚다 | 饺子 jiǎozi ⑲ 교자, 만두

02 哪儿…?

'哪儿…?'는 '어디가 ~한가?'라고 묻는 반어적 표현입니다. 哪儿 대신 哪里를 쓸 수도 있습니다.

她哪儿漂亮啊？　그녀가 어디가 예뻐요?
他哪里是明星？他是一个普普通通的人。　그가 무슨 스타예요? 그는 아주 평범한 사람이에요.
一个八岁的孩子哪里能看懂这么难的书呢？
여덟 살짜리 애가 어떻게 이렇게 어려운 책을 이해할 수 있어요?

🔖단어　明星 míngxīng ⑲ 스타 | 普通 pǔtōng ⑲ 보통이다, 평범하다

03 才

才는 여러 가지 뜻이 있습니다.

1. '이제야', '겨우'라는 뜻이 있습니다.

你怎么现在才来呢？　당신은 어째서 이제야 왔어요?
这孩子今年才六岁。　이 아이는 올해 겨우 여섯 살이다.

2. '~해야만'이라는 뜻이 있습니다.

这样做才能满足老师的要求。　이렇게 해야만 선생님의 요구를 만족시킬 수 있다.
这件事情要他来做才行。　이 일은 그가 해야만 한다.

3. 본문에서는 '~야말로'라는 뜻으로, 강조의 용법으로 썼습니다.

他才是个真正的英雄。 그야말로 진정한 영웅이다.
健康才是最重要的。 건강이야말로 가장 중요한 것이다.

> 단어 满足 mǎnzú 혱 만족하다, 만족시키다 |
>
> 真正 zhēnzhèng 혱 진정한 | 英雄 yīngxióng 몡 영웅

04 既…, 又…

既는 '~할 뿐만 아니라', '~뿐더러'라는 뜻으로, '既…, 又…'는 '~할 뿐만 아니라, ~하다'라는 뜻입니다. 既와 又 뒤에 오는 성분은 일반적으로 구조와 음절 수가 같습니다.

小猫既可爱又淘气, 我最喜欢它了!
새끼 고양이가 귀여울 뿐만 아니라 장난기도 많아서, 나는 그 고양이를 가장 좋아한다!

她是个既聪明又漂亮的姑娘。
그녀는 총명할 뿐만 아니라 예쁜 아가씨다.

希望成功的人既要努力工作, 又要努力学习。
성공하고 싶은 사람은 열심히 일해야 할 뿐 아니라, 열심히 공부해야 한다.

> 단어 淘气 táoqì 혱 장난기가 많다 | 姑娘 gūniang 몡 아가씨 |
>
> 成功 chénggōng 동 성공하다

05 …下来 / …下去

下来는 '내려오다', 下去는 '내려가다'라는 뜻의 방향보어로, 동사 뒤에 下来 / 下去를 붙이면 '~해서 내려오다/내려가다' 혹은 '~해 나가다'라는 뜻이 됩니다.

他从楼上跑下来了。 그는 윗층에서 달려 내려왔다.
他一个字一个字写下去了。 그는 한 글자 한 글자 써 내려갔다.
温度降下去了。 온도가 내려갔다.
我们对上面派下来的人还是很期待的。
우리는 위에서 파견해 내려온 사람에 대해서 그래도 많이 기대한다.

> 단어 温度 wēndù 몡 온도 | 降 jiàng 동 내려가다, 떨어지다 | 派 pài 동 파견하다

06 要不

要不는 '그렇지 않으면'이라는 뜻으로, 不然, 要不然과 용법이 비슷합니다. 不然은 문어에서 많이 쓰고, 要不然과 要不는 구어에서 많이 씁니다.

车就要开了，你得快点，要不我们就赶不上了！
차가 가려고 해요, 서두르지 않으면, 차를 놓치겠어요!

从北京到上海可以坐火车，要不坐飞机也行。
베이징에서 상하이까지는 기차를 타도 되고, 아니면 비행기를 타도 된다.

要不我们出去吃吧。今天太累，不想做饭了。
아니면 우리 나가서 먹어요. 오늘은 너무 피곤해서, 밥 하기 싫어요.

07 好不容易

好不容易는 '얼마나 어려운가'라는 서술어로 쓰이거나, '얼마나 어렵게', '어렵사리'라는 뜻의 부사로 쓰입니다.

每天过日子真的好不容易啊！ 매일 살아가는 게 정말 얼마나 어려운가!
你不知道我好不容易找到了这本书。 너는 내가 얼마나 어렵게 이 책을 찾아냈는지 모른다.
好不容易来一趟北京，多呆几天吧！ 어렵게 베이징에 왔는데, 며칠 더 있다 가세요!

> 단어 **过日子** guò rìzi 일상을 살다

08 …回来

'돌아오다'라는 뜻의 동사 回来가 다른 동사 뒤에서 방향보어로 쓰이면, '(원래의 상태로) 돌아오다'라는 뜻이 됩니다.

我终于瘦回来了！现在一百斤，瘦了五斤。
나 드디어 살이 원래대로 빠졌어! 지금 50kg이야, 2.5kg 빠졌어.

脸最近瘦了，还能胖回来吗？
얼굴이 요즘 야위었어요, 다시 살찔 수 있을까요?

我忘记了电子邮件密码，密码怎么找回来呢？
제가 이메일 비밀번호를 잊어버렸어요, 비밀번호는 어떻게 찾을 수 있나요?

MP3 08-04 ⓖ

01 A 比 A B 。   A가 갈수록 더욱 B합니다.

	比		
一天 Yì tiān		一天 yì tiān	冷了。 lěng le.
一天 Yì tiān	bǐ	一天 yì tiān	好。 hǎo.
一个 Yí ge		一个 yí ge	贵。 guì.
一个 Yí ge		一个 yí ge	厉害。 lìhai.

MP3 08-05 ⓖ

02 看起来 A 。   보기에 A하네요.

看起来
Kànqǐlái

确实是有点小。
quèshí shì yǒudiǎn xiǎo.

很好吃。
hěn hǎochī.

很贵。
hěn guì.

很年轻。
hěn niánqīng.

MP3 08-06

03 既可以 A ， 又可以 B ， 多好啊 !

A도 할 수 있고, B도 할 수 있으니, 얼마나 좋아요!

| 既可以 Jì kěyǐ | 锻炼身体, duànliàn shēntǐ, 学习, xuéxí, 省钱, shěngqián, 赚钱, zhuànqián, | 又可以 yòu kěyǐ | 减肥, jiǎnféi, 玩, wán, 减肥, jiǎnféi, 学习, xuéxí, | 多好啊 ! duō hǎo a! |

 단어 **省钱** shěngqián 동 돈을 절약하다 | **赚钱** zhuànqián 동 돈을 벌다

MP3 08-07

04 要不咱们就 A 吧。 아니면 우리 A합시다.

| 要不咱们就 Yàobù zánmen jiù | 今天开始 jīntiān kāishǐ 明天出发 míngtiān chūfā 吃这个 chī zhège 看《太阳的后裔》 kàn《Tàiyáng de hòuyì》 | 吧。 ba. |

MP3 08-08

1 녹음을 듣고 내용과 일치하는 문장에는 O, 일치하지 않는 문장에는 X표 하세요.

① (   ) 女儿长胖了，穿不上以前的裙子了。

② (   ) 女儿想减肥。

③ (   ) 妈妈觉得女儿应该减肥。

④ (   ) 妈妈对女儿说再去买两条新裙子。

2 본문 내용에 근거해서 빈칸을 채워 보세요.

今天秀珍说自己去年＿＿＿＿减了四斤，今年又＿＿回来了，要开

始＿＿＿。秀珍觉得人＿＿＿＿好看，晶晶真不能＿＿＿。

3 본문 내용에 근거해서 아래 질문에 답해 보세요.

① 秀珍穿的牛仔裤看起来怎么样？

⋯▶ _____

② 秀珍和晶晶要怎么减肥？

⋯▶ _____

③ 晶晶为什么要跟秀珍去操场跑？

⋯▶ _____

④ 晶晶对减肥有什么看法？

⋯▶ _____

4 다음 글을 읽고 아래 질문에 답해 보세요.

> 好不容易等到夏天可以穿好看的裙子了，我今天把裙子拿出来一试，发现都穿不上了，真是太可惜了! 我决定要减肥，我打算先从跑步和控制晚饭开始，真希望两周之后我能瘦回来。妈妈也觉得我应该多跑步，这样既可以锻炼身体又可以减肥。不过她认为晚饭还得吃，营养也很重要。

❶ 我为什么决定要减肥?

…▸ _____

❷ 我打算怎么减肥?

…▸ _____

❸ 妈妈为什么觉得我应该多跑步?

…▸ _____

단어 可惜 kěxī 阌 섭섭하다, 아쉽다 ǀ 控制 kòngzhì 됭 제어하다

5 옆 사람과 함께 다음 질문을 묻고 답해 보세요.

❶ 我最近胖了很多，你知道怎么减肥吗?

…▸ _____

❷ 你觉得我要不要减肥?

…▸ _____

❸ 你觉得减肥会不会影响身体健康?

…▸ _____

❹ 我要减肥，你可以陪我一起跑步吗?

…▸ _____

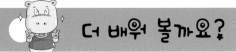

MP3 08-09

克 kè 그램

两 liǎng 50g

斤 jīn 근(500g)

公斤 gōngjīn 킬로그램

吨 dūn 톤

毫米 háomǐ / 公厘 gōnglí
밀리미터

厘米 límǐ / 公分 gōngfēn
센티미터

米 mǐ 미터

公里 gōnglǐ 킬로미터

毫升 háoshēng 밀리리터

升 shēng 리터

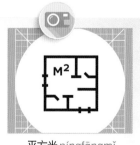

平方米 píngfāngmǐ
제곱미터

중국의 대학 입시에 대해 알아보세요.

중국도 한국처럼 교육열이 매우 높으며, 대학 입시 경쟁도 매우 치열합니다. 전국적인 대입 시험을 高考 gāokǎo라고 하는데, 중국은 9월에 새학년을 시작하기 때문에 6월 초에 이틀 동안 高考를 봅니다. 高考는 750점 만점이며, 주 관식 및 서술형 문제도 많고 난이도가 매우 높습니다. 중국은 특이하게도 대학마다 지역별로 정원이 정해져 있기 때문에 같은 대학 합격자라도 출신 지역에 따라 점수 차이가 크게 나기도 합니다.

高考를 준비하는 학생들

高考가 실시되고 있는 교실

高考 시험장 근처의 풍경

高考 수험생을 응원하는 사람들

你先别着急，趁机会 多休息几天吧。

Nǐ xiān bié zháojí, chèn jīhuì duō xiūxi jǐ tiān ba.

조급해 하지 말고, 이 기회에 며칠 더 쉬세요.

학습 목표
- 병문안 가서 위로하기
- 병의 증세 말하기
- 질병 관련 용어 익히기

住院	zhùyuàn	동 입원하다
好	hǎo	부 아주, 매우, 꽤
实在	shízài	부 정말, 확실히
受不了	shòubuliǎo	참을 수 없다, 견딜 수 없다
急性	jíxìng	형 급성의
肝炎	gānyán	명 간염
治疗	zhìliáo	동 치료하다
清楚	qīngchu	형 분명하다, 명백하다
海鲜	hǎixiān	명 해산물, 해물
得	dé	동 얻다, (병을) 앓다
难受	nánshòu	형 괴롭다, 참을 수 없다
吐	tù	동 구토하다, 게우다
连…也…	lián…yě…	~조차도 ~하다, ~마저 ~하다
酸疼	suānténg	형 시큰시큰 쑤시고 아프다
趁机会	chèn jīhuì	기회를 빌어서, 기회를 틈타
一开始	yìkāishǐ	처음(부터), 처음에는
胃炎	wèiyán	명 위염
好转	hǎozhuǎn	명 동 호전(되다)
检查	jiǎnchá	동 검사하다, 점검하다
当时	dāngshí	명 부 당시에, 바로 그때, 즉시
大排档	dàpáidàng	명 노점, 포장마차
严重	yánzhòng	형 중대하다, 심각하다
后悔	hòuhuǐ	동 후회하다
绝对	juéduì	부 절대로, 반드시

MP3 09-02

회화 1   리나가 간염에 걸려 병원에 입원하자, 동료 리우신이 리나를 보러 왔습니다.

李娜   刘新，你来了！
Lǐ Nà   Liú Xīn,   nǐ lái le!

刘新   你别起来了，就躺着吧。这是怎么回事啊？
Liú Xīn   Nǐ bié qǐlái le,   jiù tǎng zhe ba. Zhè shì zěnme huí shì a?

   一听说你住院了，我好担心你啊。
   Yì tīngshuō nǐ zhùyuàn le, wǒ hǎo dānxīn nǐ a.

李娜   我也没想到。最近身体一直很不舒服，
Lǐ Nà   Wǒ yě méi xiǎngdào. Zuìjìn shēntǐ yìzhí hěn bù shūfu,

   昨天实在受不了了，就去看医生。
   zuótiān shízài shòubuliǎo le, jiù qù kàn yīshēng.

   医生说是急性肝炎，得赶紧住院治疗。
   Yīshēng shuō shì jíxìng gānyán, děi gǎnjǐn zhùyuàn zhìliáo.

刘新   急性肝炎？你吃错什么了吗？
Liú Xīn   Jíxìng gānyán? Nǐ chīcuò shénme le ma?

李娜   我也不太清楚，
Lǐ Nà   Wǒ yě bú tài qīngchu,

   有可能两周前吃的海鲜有点问题。
   yǒu kěnéng liǎng zhōu qián chī de hǎixiān yǒudiǎn wèntí.

刘新   我听说得了急性肝炎特别难受，太可怜了。
Liú Xīn   Wǒ tīngshuō dé le jíxìng gānyán tèbié nánshòu, tài kělián le.

李娜 是啊，我差不多一个星期都不能吃饭，一吃就吐。
Lǐ Nà　Shì a,　wǒ chàbuduō yí ge xīngqī dōu bù néng chī fàn, yì chī jiù tù.

有时候连水也喝不下去，而且浑身酸疼。
Yǒushíhou lián shuǐ yě hē bú xiàqù,　érqiě húnshēn suānténg.

刘新 哎呀，好心疼你啊。现在好点儿了吗?
Liú Xīn　Āiyā,　hǎo xīnténg nǐ a.　Xiànzài hǎo diǎnr le ma?

李娜 嗯，比上周好多了。
Lǐ Nà　Ňg,　bǐ shàngzhōu hǎoduō le.

再过一两天应该就可以上班了。
Zài guò yì liǎng tiān yīnggāi jiù kěyǐ shàngbān le.

刘新 你先别着急，
Liú Xīn　Nǐ xiān bié zháojí,

趁机会多休息几天吧。
chèn jīhuì duō xiūxi jǐ tiān ba.

工作再忙也要注意身体啊。
Gōngzuò zài máng yě yào zhùyì shēntǐ a.

李娜 嗯，谢谢啊。
Lǐ Nà　Ňg,　xièxie a.

确实太累了，需要好好休息一下。
Quèshí tài lèi le,　xūyào hǎohǎo xiūxi yíxià.

MP3 09-03

회화 2　리나의 이야기

我从上个星期开始身体很不舒服，一开始以为只是
Wǒ cóng shàng ge xīngqī kāishǐ shēntǐ hěn bù shūfu, yìkāishǐ yǐwéi zhǐshì

胃炎或者感冒，就随便吃了点药，但是过了几天也没有
wèiyán huòzhě gǎnmào, jiù suíbiàn chī le diǎn yào, dànshì guò le jǐ tiān yě méiyǒu

好转。后来去医院检查才发现得的是急性肝炎，得住院
hǎozhuǎn. Hòulái qù yīyuàn jiǎnchá cái fāxiàn dé de shì jíxìng gānyán, děi zhùyuàn

治疗。我觉得有可能两周前吃的海鲜有问题，当时我
zhìliáo. Wǒ juéde yǒu kěnéng liǎng zhōu qián chī de hǎixiān yǒu wèntí, dāngshí wǒ

就感觉那家大排档不太卫生，但是没想到那么严重。
jiù gǎnjué nà jiā dàpáidàng bú tài wèishēng, dànshì méi xiǎngdào nàme yánzhòng.

现在我很后悔，以后我绝对不会去那家大排档了。
Xiànzài wǒ hěn hòuhuǐ, yǐhòu wǒ juéduì bú huì qù nà jiā dàpáidàng le.

01 여러 가지 금지 표현

구어에서 자주 사용되는 금지 표현은 다음과 같습니다.

'~해서는 안 된다', '~하지 마라'라는 표현으로 不能, 不要, 别가 자주 쓰입니다.

这里不能游泳。 여기서는 수영하면 안 돼요.
你不要那样说。 그렇게 말하지 말아요.
你别出去了。 나가지 말아요.

말투를 부드럽게 하려면 '~할 필요 없다'는 뜻의 不用, 甭 (béng 不用을 합친 말로, 매우 구어적인 표현), 不必 búbì를 쓸 수 있습니다.

你不用客气，这是应该的。 고마워할 필요 없어요, 당연한 일인 걸요.
你甭说。 당신은 말할 필요 없어요.
家里一切都好，请爸爸安心工作，不必挂念。
집안은 모두 평안하니, 아빠는 안심하고 일하세요, 괘념치 않으셔도 돼요.

> 📝 단어 一切 yíqiè 몡 일체, 모든 것 | 安心 ānxīn 혱 안심하다 |
> 挂念 guàniàn 됭 괘념하다, 염려하다

02 着를 사용한 명령문

신체 동작 등을 나타내는 일부 단음절 동사 뒤에 着를 붙여서 '~하고 있어라'라는 명령문을 만들 수 있습니다.

你坐着，坐着! 别起来了。
앉아 있어요, 앉아 있어요! 일어나지 마세요.

妈妈要出去会儿。你在家里等着啊，不要出去。
엄마 잠깐 나갔다 올게. 집에서 기다리고 있어, 나가지 말고.

水快要开了，你好好儿看着。
물이 금방 끓을 거예요, 잘 보고 있어요.

> 📝 단어 快要…了 kuàiyào… le 곧 ~하려고 한다 | 开 kāi 됭 (물이) 끓다

03 양사 回

回는 횟수를 세는 양사로, '회'라는 뜻입니다. (6과 어법 참고)

我已经问过好几回。 나는 이미 여러 번 물어봤다.

回는 일이나 사건을 세는 양사로도 쓸 수 있습니다. 이때는 앞에 주로 怎么, 这么, 那么가 붙습니다.

这是怎么回事啊? 이게 어떻게 된 일이에요?
爱是怎么一回事? 사랑이란 어떻게 된 일일까요?
原来是这么回事。 원래 이렇게 된 일이군요.
喜不喜欢和能不能在一起，完全是两回事。
좋아하느냐 그렇지 않느냐 함께 할 수 있느냐 그렇지 않느냐는, 완전히 별개의 문제예요.

> 단어 完全 wánquán 뷔 완전히

04 错의 여러 용법

错는 '틀리다'라는 뜻의 형용사인데요, 동사 뒤에서 결과보어로 쓰면 '잘못 ~하다'라는 뜻이 됩니다. 그런데 没错는 '틀리지 않다', 不错는 '나쁘지 않다'라는 뜻임을 주의하세요.

错了，一加一等于二。 틀렸어요, 1 더하기 1은 2예요.
抱歉，抱歉，我看错人了。 죄송해요, 죄송해요, 제가 사람을 잘못 봤어요.
我肚子很疼，好像吃错什么了。 배가 많이 아파요, 뭘 잘못 먹었나 봐요.
没错，就是他干的。 맞아요, 바로 그가 한 거예요.
他唱歌唱得很不错。 그는 노래를 아주 잘한다.

> 단어 等于 děngyú 동 (~와) 같다 | 肚子 dùzi 명 배

05 有可能

중국어의 특징 중 하나는 단어의 품사가 고정적이지 않은 경우가 많다는 것입니다. 可能은 주로 형용사, 부사, 조동사 등으로 쓰지만, 有可能은 명사처럼 쓰기도 합니다.

不可能，这是根本不可能的事。 불가능해요, 이건 근본적으로 불가능한 일이에요.

他可能今天不会来。 그는 아마 오늘 오지 않을 거예요.

很可能他不是韩国人。 그는 한국인이 아닐 가능성이 높아요.

有可能他还不知道。 그가 아직 모르고 있을지도 몰라요.

> 단어 **根本** gēnběn 凰 근본적으로

---

06 连…也

连…은 '~조차', '~마저'라는 뜻으로, 也 또는 都와 자주 짝을 이루어 씁니다.

奶奶八十多岁了，听力仍然很好，连很小的声音也能听见。
할머니는 여든이 넘으셨는데, 청력이 여전히 좋으셔서, 아주 작은 소리도 들으실 수 있다.

他特别穷，连买张车票的钱也没有。
그는 아주 가난해서, 차표 한 장 살 돈도 없다.

这件事连我妈妈都不知道。
이 일은 우리 엄마도 모른다.

现在谁都不相信他，连他儿子都不信。
지금은 아무도 그를 믿지 않는다, 그의 아들조차 믿지 않는다.

> 단어 **仍然** réngrán 凰 여전히 | **穷** qióng 휑 가난하다

---

07 再…也

再…也는 '아무리 ~해도'라는 뜻입니다.

到了晚上，这几种东西再好吃也别吃，要不然会生病。
저녁이 되면, 이 몇 가지는 아무리 맛있어도 먹지 마세요, 안 그러면 병납니다.

这个质量非常好，再贵也值得买。
이건 품질이 아주 좋아요, 아무리 비싸도 살 만해요.

再苦再累也要坚持。
아무리 고생스럽고 아무리 피곤해도 견뎌야 한다.

> 단어 **苦** kǔ 휑 고생스럽다, 쓰다

MP3 09-04

01 趁机会多 A 几天吧。 이번 기회를 타서 며칠 더 A해요.

趁机会多
Chèn jīhuì duō

玩
wán
用
yòng
看
kàn
学
xué

几天吧。
jǐ tiān ba.

MP3 09-05

02 需要好好 A 一下。 잘 A(해)야 한다.

需要好好
Xūyào hǎohǎo

看
kàn
听
tīng
练习
liànxí
学
xué

一下。
yíxià.

단어 练习 liànxí 통 연습하다, 익히다

MP3 09-06

03 再过 [A] 应该就可以 [B] 了。

A만 더 지나면 B할 수 있을 거예요.

再过 Zài guò	两天 liǎng tiān	应该就可以 yīnggāi jiù kěyǐ	出发 chūfā	了。 le.
	一个月 yí ge yuè		见面 jiànmiàn	
	一个小时 yí ge xiǎoshí		知道 zhīdào	
	十分钟 shí fēnzhōng		走 zǒu	

MP3 09-07

04 [A] 再 [B] 也要 [C] 。 아무리 A가 B해도 C해야 해요.

工作 Gōngzuò	再 zài	忙 máng	也要 yě yào	注意身体。 zhùyì shēntǐ.
天气 Tiānqì		冷 lěng		出去。 chūqù.
书 Shū		多 duō		看完。 kànwán.
作业 Zuòyè		难 nán		写。 xiě.

1 🔊 MP3 09-08 G

녹음을 듣고 내용과 일치하는 문장에는 O, 일치하지 않는 문장에는 X표 하세요.

① ( ) 女的这两天生病了。

② ( ) 女的得了胃炎。

③ ( ) 女的一个人害怕去医院。

④ ( ) 男的要陪女的去医院看看。

2 본문 내용에 근거해서 빈칸을 채워 보세요.

李娜从上个星期开始身体很_____，所以她就____吃了点____，但是过了几天也没有____。后来去医院____才发现她得的是急性____，得____治疗。

3 본문 내용에 근거해서 아래 질문에 답해 보세요.

① 李娜为什么住院了？

⋯▸ _____

② 李娜吃错什么了？

⋯▸ _____

③ 李娜的病情怎么样？

⋯▸ _____

④ 李娜去的大排档怎么样？

⋯▸ _____

4 다음 글을 읽고 아래 질문에 답해 보세요.

> 　　最近我一吃东西就难受，连喝水也是，而且浑身酸疼。今天上午小李陪我去医院检查了，医生说我得了胃炎，给我开了一些药，让我以后吃东西多注意点儿。小李问我最近是不是没有按时吃饭，我一回想，可能就是因为前一段时间减肥不吃晚饭才这样的，看来以后我还是得吃好晚饭。

① 今天我为什么去医院?

…▸ _____

② 医生是怎么说的?

…▸ _____

③ 以后我打算怎么做?

…▸ _____

> 🔖단어 **开药** kāiyào 图 약을 처방하다 | **按时** ànshí 图 제때에 | **回想** huíxiǎng 图 회상하다 | **段** duàn 양 일정 시간을 나타냄 | **看来** kànlai 图 보기에

5 옆 사람과 함께 다음 질문을 묻고 답해 보세요.

① 你现在身体怎么样? 要不要去医院看看?

…▸ _____

② 你平时生活习惯怎么样? 按时吃饭吗? 充分地休息吗?

…▸ _____

③ 你住过院吗? 当时是因为什么病?

…▸ _____

④ 生病住院的时候, 你希望谁来看你?

…▸ _____

MP3 09-09

出院 chūyuàn 퇴원하다

做手术 zuò shǒushù
수술하다

癌症 áizhèng 암

艾滋病 àizībìng 에이즈

肠炎 chángyán 장염

消化不良 xiāohuà bùliáng
소화불량

拉肚子 lādùzi 설사하다

吐 tù 토하다

打喷嚏 dǎ pēntì 재채기하다

过敏 guòmǐn 알러지

大便 dàbiàn 대변

小便 xiǎobiàn 소변

중국의 전통 가옥 사합원에 대해 말해보세요.

사합원 **四合院** Sìhéyuàn은 중국 화베이 및 베이징 지역의 전통 가옥으로, 가운데 있는 마당을 4개의 건물이 'ㅁ'자 형태로 둘러싼 구조입니다. 밖에서는 내부를 볼 수 없는 폐쇄적인 가옥이지요. 서주 **西周** Xī Zhōu 시대 초기부터 이런 구조가 나타나다가 요 **辽** Liáo나라 때 기본 구조가 완성되었습니다. 베이징 자금성 근처 구시가지에는 사합원이 많이 남아 있는데, 루쉰 등 유명인들의 집은 박물관으로 개방되어 관광이 가능합니다.

사합원의 'ㅁ'자 구조

사합원의 내부

베이징 구시가지의 사합원

루쉰 기념관 조감 모형

今天空气也很糟糕，你看外面雾霾多严重。

Jīntiān kōngqì yě hěn zāogāo,
nǐ kàn wàimiàn wùmái duō yánzhòng.

오늘도 공기가 많이 나빠요, 밖에 미세먼지가 얼마나 심한지 보세요.

학습 목표
- 미세먼지에 관한 대화 나누기
- 자연과 환경 관련 용어 익히기

闷	mēn	형 답답하다, 갑갑하다
雾霾	wùmái	명 (초)미세먼지, 스모그
改天	gǎitiān	명 다른 날, 후일
天空	tiānkōng	명 하늘, 공중
灰蒙蒙	huīméngméng	형 뿌옇다, 어슴푸레하다
靠谱	kàopǔ	형 믿을 수 있다, 신뢰할 수 있다
尽量	jǐnliàng	부 가능한 한, 최대한
减少	jiǎnshǎo	동 줄(이)다, 축소하다
出门	chūmén	동 외출하다
光	guāng	부 단지, 오직
室外	shìwài	명 실외, 옥외
环境	huánjìng	명 환경
污染	wūrǎn	명 오염
干净	gānjìng	형 깨끗하다
嘿嘿	hēihēi	의성 헤헤 [웃는 소리]
难得	nándé	형 얻기 어렵다, 구하기 힘들다
沙尘暴	shāchénbào	명 황사, 모래 바람
并且	bìngqiě	접 더욱이, 그 위에
四季	sìjì	명 사계, 네 계절
必须	bìxū	부 반드시 ~해야 한다, 꼭 ~해야 한다
口罩	kǒuzhào	명 마스크
彻底	chèdǐ	부 철저히, 투철히
盼望	pànwàng	동 간절히 바라다, 희망하다
怀念	huáiniàn	동 그리워하다
小时候	xiǎoshíhou	어릴 때, 어릴 적

MP3 10-02

회화 1　며칠 동안 미세먼지가 심해 외출을 못했습니다. 아내가 남편에게 밖에 나가자고 조릅니다.

妻子　　　我们这几天一直在家里呆着好闷啊，今天出去
qīzi　　　Wǒmen zhè jǐ tiān yìzhí zài jiālǐ dāi zhe hǎo mēn a, jīntiān chūqù

　　　　　散散步，怎么样？
　　　　　sànsan bù, zěnmeyang?

丈夫　　　今天空气也很糟糕，
zhàngfu　 Jīntiān kōngqì yě hěn zāogāo,

　　　　　你看外面雾霾多严重，
　　　　　nǐ kàn wàimiàn wùmái duō yánzhòng,

　　　　　改天再出去吧。
　　　　　gǎitiān zài chūqù ba.

妻子　　　每天天空都是灰蒙蒙的，已经十多天了，
qīzi　　　Měitiān tiānkōng dōu shì huīméngméng de, yǐjīng shíduō tiān le,

　　　　　我快受不了了。
　　　　　wǒ kuài shòubuliǎo le.

丈夫　　　再等等看，天气预报说今天晚上会刮大风，
zhàngfu　 Zài děngdeng kàn, tiānqì yùbào shuō jīntiān wǎnshang huì guā dàfēng,

　　　　　明天天气该会变好吧？
　　　　　míngtiān tiānqì gāi huì biàn hǎo ba?

妻子　　　天气预报靠谱吗？都预报好几次了也没见
qīzi　　　Tiānqì yùbào kàopǔ ma? Dōu yùbào hǎo jǐ cì le yě méi jiàn

　　　　　大风天，我可不信。咱们今天就出去吧。
　　　　　dàfēng tiān, wǒ kě bú xìn. Zánmen jīntiān jiù chūqù ba.

丈夫
zhàngfu
雾霾天还是尽量减少出门吧。
Wùmái tiān háishi jǐnliàng jiǎnshǎo chūmén ba.

我光呆在家里都感觉嗓子好难受，
Wǒ guāng dāi zài jiāli dōu gǎnjué sǎngzi hǎo nánshòu,

室外会更差的。
shìwài huì gèng chà de.

妻子
qīzi
哎呀，最近环境污染可真严重。
Āiyā,　zuìjìn huánjìng wūrǎn kě zhēn yánzhòng.

空气到底什么时候才能变得像以前一样好呢？
Kōngqì dàodǐ shénme shíhou cái néng biànde xiàng yǐqián yíyàng hǎo ne?

MP3 10-03

회화 2　어제 저녁에 바람이 불어서 공기가 깨끗해졌습니다. 두 사람은 밖으로 나가기로 합니다.

妻子
qīzi
哇，今天天气真好！空气真干净！
Wā,　jīntiān tiānqì zhēn hǎo! Kōngqì zhēn gānjìng!

丈夫
zhàngfu
我说今天天气会变好，你还不信！
Wǒ shuō jīntiān tiānqì huì biàn hǎo, nǐ hái bú xìn!

妻子
qīzi
嘿嘿，抱歉，抱歉。
Hēihēi,　bàoqiàn, bàoqiàn.

今天是难得的好天气，我们出去玩玩吧。
Jīntiān shì nándé de hǎo tiānqì,　wǒmen chūqù wánwan ba.

MP3 10-04

회화 3 　아내의 이야기

最近空气污染越来越严重。以前只有春天有
Zuìjìn kōngqì wūrǎn yuèláiyuè yánzhòng. Yǐqián zhǐyǒu chūntiān yǒu

沙尘暴，现在不但有沙尘暴，并且一年四季有雾霾。
shāchénbào, xiànzài búdàn yǒu shāchénbào, bìngqiě yì nián sìjì yǒu wùmái.

雾霾严重的时候出门必须带着口罩，有的人干脆
Wùmái yánzhòng de shíhou chūmén bìxū dài zhe kǒuzhào, yǒude rén gāncuì

不出门。雾霾问题怎么能彻底解决呢？人们现在只能
bù chūmén. Wùmái wèntí zěnme néng chèdǐ jiějué ne? Rénmen xiànzài zhǐnéng

盼望经常刮大风把雾霾吹散。好怀念小时候蓝蓝的
pànwàng jīngcháng guā dàfēng bǎ wùmái chuīsàn. Hǎo huáiniàn xiǎoshíhou lánlán de

天空。
tiānkōng.

01 동사의 중첩 散散步

동사를 중첩하면 '조금 ~해보다'라는 의미가 있다고 배웠지요?

咱们先休息休息吧。 우리 먼저 좀 쉽시다.
我回去跟家人商量商量再决定。 돌아가서 식구들과 상의한 뒤에 결정할게요.

'동사 + 목적어' 구조의 동사는 중첩형을 만들 때, 목적어를 제외하고 동사만을 중첩합니다.

每天散散步有什么好处? 매일 산책하면 무슨 장점이 있나요?
没事儿做就扫扫地。 할 일이 없을 때는 바닥을 씁니다.
每天睡前要洗洗脸。 매일 잠자기 전에 세수를 해야 합니다.

02 改天

改는 '고치다'라는 뜻의 형용사이지만, 改天은 '오늘 이후의 어느 날'이라는 뜻으로, 확정되지 않은 언젠가를 가리킬 때 많이 씁니다.

改天吧。 나중에 합시다.
改天再见! 나중에 다시 봐요!
我们改天再一起吃饭。 우리 언제 다시 밥 먹읍시다.
今天我还有别的事，咱们改天再说吧。 오늘은 내가 다른 일이 있으니, 다른 날 다시 얘기합시다.

03 尽量

尽量은 '가능한 한', '최대한'이라는 뜻의 부사입니다. 尽量 뒤에는 동사나 형용사가 올 수 있습니다.

我们尽量多打扫卫生。 우리는 최대한 많이 청소한다.
我在努力尽量让自己冷静下来。 나는 최대한 냉정해지려고 노력하는 중이다.
尽量用客观的观点来看这件事。 최대한 객관적인 관점으로 이 일을 보세요.
早餐最好尽量吃热食。 아침 식사는 최대한 따뜻한 음식을 먹는 것이 가장 좋다.

단어 **冷静** lěngjìng 형 냉정하다 | **客观** kèguān 형 객관적이다 |

观点 guāndiǎn 명 관점 | **热食** rèshí 명 따뜻한 음식

04 光

光은 '~만', '~뿐'이란 뜻으로, 뒤에 나오는 성분의 범위를 한정시킵니다.

光我们班，姓金的有八个人。 우리 반만 해도, 성이 김씨인 사람이 여덟 명이다.
不光他一个人，别的人都迟到了。 그 뿐만 아니라, 다른 사람들도 모두 지각했다.
别光想吃。 먹을 생각만 하지 말아요.
我讨厌他，他是光说不做的人。 나는 그를 싫어한다, 그는 말만 하고 행동하지 않는 사람이다.

단어 **讨厌** tǎoyàn 형 싫어하다

05 难得

难이 동사 앞에 오면 '~하기 어렵다', '~하기 나쁘다'라는 뜻으로, 不好보다 강한 어감을 지닙니다.
'难 + 동사' 조합 중에서 많이 쓰는 것들은 다음과 같습니다.

· **难吃** nánchī 맛없다

这个菜太难吃了。 이 요리는 너무 맛없다.

· **难喝** nánhē 맛없다

这是我喝过的茶中最难喝的茶。 이것은 내가 마셔본 차 중에서 제일 맛없는 차이다.

· **难听** nántīng 듣기 싫다, (소리가) 나쁘다

我唱歌很难听，怎么办? 나는 노래를 아주 못해요, 어떡하죠?

· **难受** nánshòu 참기 어렵다

我真的很难受，好像生病了。 나 정말 힘들어요, 병이 났나 봐요.

· **难过** nánguò (마음이) 아프다

我跟她分手了，心里很难过。　나는 그녀와 헤어져서, 마음이 아주 아프다.

· **难办** nánbàn 처리하기 어렵다

美国签证很难办。　미국 비자는 만들기 어렵다.

· **难找** nánzhǎo 찾기 어렵다

最近工作很难找。　요즘엔 일자리 구하기가 힘들다.

> 단어　**分手** fēnshǒu 동 헤어지다 | **心里** xīnli 명 마음

06　并且

并且는 '더욱이', '게다가'라는 뜻의 접속사로, 而且와 용법이 거의 비슷하며, 서면어로 많이 씁니다. 并且는 일반적으로 '不但…, 并且…(~할 뿐만 아니라, ~하다)', '不光…, 并且…(~할 뿐만 아니라, ~하다)'의 구조로 씁니다. 또한 也, 还와 자주 같이 씁니다.

他会做饭，并且做得特别好。
그는 요리를 할 수 있고, 게다가 아주 잘한다.

小李学习用功，并且还很谦虚。
샤오리는 공부를 열심히 하고, 게다가 겸손하다.

这本书不但内容好，并且写得很生动。
이 책은 내용이 좋을 뿐 아니라, 아주 생동감 있게 썼다.

他不光会说英语，并且还会说日语。
그는 영어를 할 수 있을 뿐 아니라, 일어도 할 수 있다.

> 단어　**用功** yònggōng 동 열심히 공부하다 | **谦虚** qiānxū 형 겸손하다 |
> **内容** nèiróng 명 내용 | **生动** shēngdòng 형 생동감 있다

MP3 10-05

01 A 够 B 的。 A는 매우 B해요.

今天空气 Jīntiān kōngqì		糟糕 zāogāo	
吃得 Chī de	够 gòu	多 duō	的。 de.
看得 Kàn de		入迷 rùmí	
作业 Zuòyè		难 nán	

단어 入迷 rùmí 통 매혹되다, 정신이 팔리다

MP3 10-06

02 改天再 A 吧。 다른 날(/며칠 뒤)에 다시 A합시다.

	去 qù	
改天再 Gǎitiān zài	说 shuō	吧。 ba.
	商量 shāngliang	
	考虑 kǎolǜ	

단어 考虑 kǎolǜ 통 고려하다

MP3 10-07

03

A 还是尽量 B 。 A할 때는 아무래도 최대한 B하세요.

雾霾天 Wùmái tiān		减少出门。 jiǎnshǎo chūmén.
饭 Fàn	还是尽量 háishi jǐnliàng	吃好。 chīhǎo.
周末 Zhōumò		多休息。 duō xiūxi.
明天 Míngtiān		早点出发。 zǎodiǎn chūfā.

MP3 10-08

04

最近 A 可真 B 。 요즘은 A가 정말 너무 B해요.

最近 Zuìjìn	环境污染 huánjìng wūrǎn	可真 kě zhēn	严重。 yánzhòng.
	天气 tiānqì		热。 rè.
	课 kè		难。 nán.
	人 rén		多。 duō.

1 MP3 10-09

녹음을 듣고 내용과 일치하는 문장에는 O, 일치하지 않는 문장에는 X표 하세요.

① (　　　) 儿子周末想闷在家里上网。

② (　　　) 今天是周日。

③ (　　　) 爸爸想去森林公园。

④ (　　　) 雾霾很严重，出去的时候必须戴上口罩。

2 본문 내용에 근거해서 빈칸을 채워 보세요.

　　　最近空气污染越来越＿＿＿。雾霾严重的时候＿＿必须带着＿＿＿，

有的人＿＿不出门。雾霾问题怎么能＿＿解决呢？人们现在只能＿＿经

常刮大风＿＿雾霾＿＿散。

3 본문 내용에 근거해서 아래 질문에 답해 보세요.

① 妻子为什么好闷？

…▶ _____

② 天气什么时候变好？怎么变好？

…▶ _____

③ 现在空气污染怎么样？

…▶ _____

④ 雾霾问题怎么能彻底解决呢？

…▶ _____

4 다음 글을 읽고 아래 질문에 답해 보세요.

> 　快到五一假期了，我想和几个好朋友一起去爬山。但是最近北京的雾霾很严重，出去必须戴口罩。看着外面灰蒙蒙的天空，人的心情都变得灰蒙蒙了。真怀念小时候啊，那时一年四季都能看见蓝天。如果能刮一场大风把雾霾吹散就好了！如果假期一直是雾霾，就只能请朋友来家里玩儿了。

❶ 五一假期我想怎么过？

…▶ _____

❷ 我怀念什么时候？为什么？

…▶ _____

❸ 如果假期一直是雾霾，我会怎么做？

…▶ _____

　단어　**五一假期** Wǔ Yī jiàqī 5월 1일 노동절 연휴

5 옆 사람과 함께 다음 질문을 묻고 답해 보세요.

❶ 雾霾天你呆在家里会做什么？

…▶ _____

❷ 今天雾霾很严重，不过咱们还是出去玩怎么样啊？

…▶ _____

❸ 你希望生活在北京吗？

…▶ _____

❹ 你觉得雾霾问题怎么能解决呢？

…▶ _____

MP3 10-10

自然 zìrán 자연

保护 bǎohù 보호하다

宇宙 yǔzhòu 우주

地球 dìqiú 지구

太阳 tàiyáng 태양

月亮 yuèliang 달

星星 xīngxing 별

海 hǎi 바다

江 jiāng 강

树 shù 나무

石头 shítou 돌

火山 huǒshān 화산

중국의 고대 문자 갑골문에 대해 알아보세요.

갑골문 **甲骨文** jiǎgǔwén은 거북이 배딱지(甲)와 소뼈(骨)에 새겨진 글자로, 은 **殷** Yīn나라 (BC1600~1046) 때의 유물입니다. 갑골문은 20세기 초 유악 **刘鹗** Liú È이라는 학자에 의해 처음 발견되었습니다. 당시 갑골은 용골 **龙骨** lónggǔ라 하여 귀한 한약재로 쓰였는데, 유악이 친구를 위해 한약을 짓다가, 갑골에 글자가 새겨진 것을 보고 연구를 하여, 그 내용이 점을 친 후 그 결과를 적은 것이라는 사실을 알아냈습니다. 그후 20만 개 가까운 갑골에서 약 4천 자의 문자가 발견되어 중국 고대 문자 연구에 귀중한 자료가 되고 있습니다.

갑골문이 새겨진 갑골

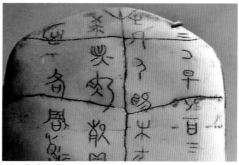
갑골을 확대한 모습

동물을 나타낸 갑골문

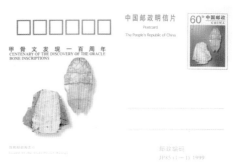
갑골문을 디자인에 활용한 엽서

实在对不起，
我把时间看错了。

Shízài duìbuqǐ, wǒ bǎ shíjiān kàncuò le.

정말 미안해요, 시간을 잘못 봤어요.

학습 목표
- 사과하기
- 사랑과 이별 관련 용어 익히기

三环	sānhuán	명 싼환 [베이징의 제3순환도로]
提	tí	동 말을 꺼내다, 언급하다
领导	lǐngdǎo	명 상사, 지도자, 책임자
赶上	gǎnshàng	동 시간에 대다, 마침 부딪치다
非得…	fēiděi…	부 ~하지 않으면 안 된다, 반드시 ~해야 한다
路边	lùbiān	명 길옆, 노변
干等	gānděng	동 하염없이 기다린다
粗心	cūxīn	형 세심하지 못하다, 부주의하다
公务员	gōngwùyuán	명 공무원
准时	zhǔnshí	부 정시에, 제때에
而	ér	접 그러나, 그리고
私企	sīqǐ	명 사기업, 개인기업 [私营企业의 줄임말]
固定	gùdìng	형 고정된, 일정한
约会	yuēhuì	동 만날 약속을 하다, 데이트하다 명 약속
对…来说	duì…láishuō	~에게 있어서, ~의 입장에서 말한다면
前天	qiántiān	명 그저께
约好	yuēhǎo	동 약속하다
失望	shīwàng	동 실망하다

회화

회화 1　여자친구가 약속 시간에 오지 않는 남자친구에게 전화합니다.

女朋友[①]
nǚpéngyou

喂，我都等了半天了，你到哪里了呀？
Wéi,　wǒ dōu děng le bàntiān le, nǐ dào nǎli le ya?

男朋友
nánpéngyou

对不起，你再等一下，现在堵三环了。
Duìbuqǐ,　nǐ zài děng yíxià,　xiànzài dǔ sānhuán le.

女朋友
nǚpéngyou

不是说好的六点半吗？现在都快七点啦！
Bú shì shuōhǎo de liù diǎn bàn ma? Xiànzài dōu kuài qī diǎn la!

男朋友
nánpéngyou

别提啦，快下班的时候被领导叫去办公室
Bié tí la,　kuài xiàbān de shíhou bèi lǐngdǎo jiào qù bàngōngshì

说了半天。谁知出门正好赶上晚高峰，
shuō le bàntiān.　Shéi zhī chūmén zhènghǎo gǎnshàng wǎngāofēng,

一直堵在路上了。
yìzhí dǔ zài lùshang le.

女朋友
nǚpéngyou

要么你就提前告诉我出门晚了，要么你就
Yàome nǐ jiù tíqián gàosu wǒ chūmén wǎn le,　yàome nǐ jiù

让我先找个地方等着啊。非得让我在路边
ràng wǒ xiān zhǎo ge dìfang děng zhe a. Fēiděi ràng wǒ zài lùbiān

干等了半天，好累啊！
gānděng le bàntiān, hǎo lèi a!

Tip　① 여자친구는 **女朋友**라고 하고, 연인관계가 아닌 여자인 친구는 **女的朋友**라고 합니다.

男朋友
nánpéngyou

实在抱歉，我太着急了，忘了告诉你，
Shízài bàoqiàn, wǒ tài zháojí le, wàng le gàosu nǐ,

别生气了好吗？
bié shēngqì le hǎo ma?

女朋友
nǚpéngyou

那你慢点开车吧，
Nà nǐ màn diǎn kāichē ba,

我先去旁边的咖啡厅等你吧。
wǒ xiān qù pángbiān de kāfēitīng děng nǐ ba.

MP3 11-03

회화 2 남자친구가 또 늦어서 사과합니다.

女朋友
nǚpéngyou

你怎么又迟到了？都几点了？
Nǐ zěnme yòu chídào le? Dōu jǐ diǎn le?

男朋友
nánpéngyou

实在对不起，我把时间看错了。
Shízài duìbuqǐ, wǒ bǎ shíjiān kàncuò le.

女朋友
nǚpéngyou

你看你，怎么那么粗心哪，我等你快半个小时
Nǐ kàn nǐ, zěnme nàme cūxīn na, wǒ děng nǐ kuài bàn ge xiǎoshí

了，都等着急了。
le, dōu děng zháojí le.

男朋友
nánpéngyou

真的不好意思哦，以后我一定会注意，
Zhēnde bùhǎoyìsi ò, yǐhòu wǒ yídìng huì zhùyì,

别生气了啊。
bié shēngqì le a.

MP3 11-04

회화 3   남자친구의 이야기

我女朋友是公务员，她们单位每天下午五点半
Wǒ nǚpéngyou shì gōngwùyuán, tāmen dānwèi měitiān xiàwǔ wǔ diǎn bàn

准时下班。而我在一家私企工作，每天下班时间不固定。
zhǔnshí xiàbān. Ér wǒ zài yì jiā sīqǐ gōngzuò, měitiān xiàbān shíjiān bú gùdìng.

我女朋友希望我们能经常见面约会，可是对我来说
Wǒ nǚpéngyou xīwàng wǒmen néng jīngcháng jiànmiàn yuēhuì, kěshì duì wǒ láishuō

这不是件容易的事儿。前天我约好和她下班后见面，
zhè bú shì jiàn róngyì de shìr. Qiántiān wǒ yuēhǎo hé tā xiàbān hòu jiànmiàn,

结果快下班被领导叫去办公室，让她等了差不多一个
jiéguǒ kuài xiàbān bèi lǐngdǎo jiào qù bàngōngshì, ràng tā děng le chàbuduō yí gè

小时。她对我越来越失望，我到底该怎么办呢？
xiǎoshí.   Tā duì wǒ yuèláiyuè shīwàng, wǒ dàodǐ gāi zěnme bàn ne?

어법 ·································· **Grammar**

---

01 不是…吗?

'不是…吗?'는 '~아니에요?'라는 뜻으로, 반어문을 만들 때 사용합니다.

我不是已经说了吗? 他早就不在这儿了。
내가 이미 말 안 했어요? 그는 오래 전에 여길 떠났어요.

你不是有好几个吗? 怎么又要买啊?
당신 여러 개 있잖아요. 어째서 또 사려고 해요?

你不是我最好的朋友吗? 你怎么不相信我?
너 내 가장 친한 친구 아니야? 어떻게 날 안 믿어?

---

02 '是…的'구에서 목적어의 위치

'是…的'구에 대해 다시 한번 살펴볼까요? '是…的'구는 이미 실현된 어떤 동작에 대해서, 그 동작이 행해진 시간, 장소, 방식, 목적, 대상 등을 강조해서 말할 때 사용됩니다.

他昨天来了。 그는 어제 왔다.
他是昨天来的。 그는 어제 온 것이다.

我们打车去了。 우리는 택시를 타고 갔다.
我们是打车去的。 우리는 택시를 타고 간 것이다.

위의 예문처럼 '是…的' 사이에 昨天이나 打车를 써서 그 내용을 강조할 수 있습니다.

'是…的'구에서 목적어를 的 뒤에 쓸 수 있으며, 이 경우 뜻은 원래 예문과 같습니다. 단, 목적어가 인칭대명사라면 的 뒤로 갈 수 없습니다.

我是星期天看的电影。 나는 일요일에 영화를 본 것이다.
我们是吃的汉堡，不是吃的面包。 우리는 햄버거를 먹은 것이지, 빵을 먹은 것이 아니다.
(X) 他是昨天来看的我。

단어 汉堡 hànbǎo 명 햄버거

03 谁知

谁知는 '누가 알겠는가'라는 의미로, 주로 반어문을 만드는 데 사용합니다.

谁知他俩早就分手了?
그 두 사람이 진작 헤어진 줄 누가 알았겠어요?

谁知小李很不喜欢小张呢?
샤오리가 샤오장을 많이 안 좋아하는 줄 누가 알겠어요?

谁知北京的房价会这么快涨两三倍?
베이징의 집값이 이렇게 빨리 두세 배 오를 줄 누가 알았겠어요?

단어 **房价** fángjià 몡 집값 | **涨** zhǎng 동 (값이) 오르다 | **倍** bèi 양 배

04 非得…(不可)

非得는 '~하지 않으면 안 된다', '반드시 ~해야 한다'라는 뜻으로, 非要와 의미가 거의 비슷합니다. 非得와 非要는 단독으로도 쓰고, 不可, 不行 등과도 자주 함께 사용합니다.

吃炸酱面不用非得去北京。
자장면을 먹으려고 굳이 베이징에 갈 필요는 없다.

你非要这么做吗?
당신 꼭 이렇게 해야겠어요?

要是想出去玩，你非得先做完作业不可。
나가 놀고 싶으면, 너는 먼저 숙제를 하지 않으면 안 된다.

这件事别人不了解情况，非得你去处理不可。
이 일은 다른 사람들은 상황을 모르니, 당신이 가서 처리하지 않으면 안 되겠어요.

05 접속사 而

접속사 而은 주로 서면어에서 쓰며, 특이하게 문맥에 따라 '그런데', '그러나', '그리고'의 뜻으로 해석할 수 있습니다. 而은 형용사나 동사 또는 구절을 연결합니다.

他善良而不聪明。

그는 착하지만 똑똑하지 않다.

她的作品特别华丽而优雅。

그녀의 작품은 특별히 화려하고 우아하다.

据说北方人在南方吃不饱，而南方人在北方吃不了。

듣기로 북쪽 사람들은 남쪽에 가면 먹어도 배가 고픈데, 남쪽 사람들은 북쪽에 가면 (양이 너무 많아서) 다 못 먹는다고 한다.

他一时发脾气而害了自己。

그는 순간적으로 성질을 내다가 자신을 해쳤다.

> 단어 **善良** shànliáng 혱 착하다 | **华丽** huálì 혱 화려하다 | **优雅** yōuyǎ 혱 우아하다 |
> **北方** běifāng 몡 중국의 북부 지역, 북쪽 | **南方** nánfāng 몡 중국의 남부 지역, 남쪽 |
> **一时** yìshí 児 우발적으로, 갑자기 | **发脾气** fā píqi 성질을 부리다 | **害** hài 통 해치다, 해를 입히다

06 对…来说

对는 '~에 대해'라고도 해석하고, '~에게', '~을 향해서'라고도 해석합니다.

我对这个问题很感兴趣。 나는 이 문제에 대해 매우 흥미가 있다.

他对我笑了笑。 그는 나를 보고 웃었다.

我对小李有意见。 나는 샤오리에게 불만이 있다.

他对我很好。 그는 나에게 잘해준다.

'对…来说'라고 하면, '~에게 있어서는', '~의 입장에서 말하면'이라는 뜻입니다.

这对我来说已经足够。

이건 나한테 이미 충분해요.

对我来说他是世界上最重要的人。

나에게 있어서 그는 세상에서 가장 중요한 사람이다.

学好英语对他来说很容易。

영어를 공부하는 건 그에게 아주 쉽다.

> 단어 **意见** yìjiàn 몡 불만, 반대 | **足够** zúgòu 혱 충분하다

MP3 11-05

01 我都 A 了 B 了。 나는 A한 지 B나 되었어요.

我都
Wǒ dōu

| 等 děng |
| 写 xiě |
| 看 kàn |
| 走 zǒu |

了
le

| 半天 bàntiān |
| 一周 yì zhōu |
| 两小时 liǎng xiǎoshí |
| 一天 yì tiān |

了。
le.

MP3 11-06

02 不是说好的 A 吗? A로 정한 거 아니었어요?

不是说好的
Bú shì shuō hǎo de

| 六点半 liù diǎn bàn |
| 早上八点 zǎoshang bā diǎn |
| 明天中午 míngtiān zhōngwǔ |
| 下个月 xià ge yuè |

吗?
ma?

MP3 11-07

03 我把 [A] [B] 错了。 나는 A를 잘못 B했어요.

我把　时间　看　错了。
Wǒ bǎ　shíjiān　kàn　cuò le.
　　　　地点　记
　　　　dìdiǎn　jì
　　　　钱　数
　　　　qián　shǔ
　　　　名字　写
　　　　míngzi　xiě

단어 地点 dìdiǎn 몡 장소 | 记 jì 통 기억하다 | 数 shǔ 통 세다

MP3 11-08

04 对我来说 [A] 。 나에게는 A합니다.

对我来说　这可真不容易。
Duì wǒ láishuō　zhè kě zhēn bù róngyì.
　　　　做饭很难。
　　　　zuò fàn hěn nán.
　　　　英语很简单。
　　　　Yīngyǔ hěn jiǎndān.
　　　　这件衣服太贵了。
　　　　zhè jiàn yīfu tài guì le.

연습문제

MP3 11-09

1 녹음을 듣고 내용과 일치하는 문장에는 O, 일치하지 않는 문장에는 X표 하세요.

① (　　　) 女的赶上了晚高峰，路上有点堵。

② (　　　) 女的会迟到一个小时。

③ (　　　) 男的生气了。

④ (　　　) 男的先去咖啡厅等女的。

2 본문 내용에 근거해서 빈칸을 채워 보세요.

　　我女朋友每天＿＿＿下班，而我每天下班时间＿＿＿＿＿。前天我＿＿＿和她下班后见面，＿＿＿快下班被＿＿＿叫去办公室，＿＿＿她等了差不多一个小时。

3 본문 내용에 근거해서 아래 질문에 답해 보세요.

① 现在都快七点了，男朋友为什么还没到？

　…▶ _____

② 女朋友为什么对男朋友说'你怎么那么粗心哪。'了？

　…▶ _____

③ 女朋友每天几点下班？

　…▶ _____

④ 他们经常见面约会吗？

　…▶ _____

174

4 다음 글을 읽고 아래 질문에 답해 보세요.

> 我和我的女朋友在不同的私企上班。我们平时工作都很忙，有时候还要加班，只有周末才有时间约会。我的女朋友很守时，如果约会时我迟到了，她就会很生气，所以我一般都会提前到或者准时到。现在，这对我来说都已经是习惯了。

① 我在哪个公司工作?

···▶ _____

② 我们一般什么时候约会? 为什么?

···▶ _____

③ 如果约会时我迟到了，我女朋友会怎么样?

···▶ _____

> 단어 **不同** bùtóng 형 다르다 | **守时** shǒushí 동 시간을 지키다 | **习惯** xíguàn 동 습관이 되다

5 옆 사람과 함께 다음 질문을 묻고 답해보세요.

① 你经常迟到约会吗?

···▶ _____

② 如果你约会迟到了，你的女朋友会生气吗?

···▶ _____

③ 如果你的朋友迟到了，你会不会生气? 为什么?

···▶ _____

④ 你上班迟到过吗? 如果你上班迟到了，你的领导会怎么样?

···▶ _____

MP3 11-10

恋爱 liàn'ài 연애하다

初恋 chūliàn 첫사랑

理想型 lǐxiǎngxíng 이상형

拉手 lāshǒu 손을 잡다

拥抱 yōngbào 포옹하다

撒娇 sājiāo 애교를 부리다

情书 qíngshū 연애 편지

一见钟情 yí jiàn zhōngqíng 첫눈에 반하다

失恋 shīliàn 실연하다

花花公子 huāhuā gōngzǐ 바람둥이

丑闻 chǒuwén 스캔들

分手 fēnshǒu 헤어지다

중국의 전통 의상 치파오에 대해 말해 보세요.

치파오 **旗袍** qípáo는 청나라 때 만주족이 입던 전통 의상으로, 청나라 후기에 한족에게도 널리 보급되었습니다. 치파오는 남녀 의상 모두를 지칭하는 말이지만, 원피스 형태의 여성 의복을 지칭하는 경우가 많습니다. 치파오는 몸에 딱 붙고 옆트임이 있으며, 치마와 소매의 길이가 다양합니다. 현대 중국에서 치파오는 결혼식 등 행사에서 예복으로 많이 입습니다. 가격이 다양하고 디자인이 실용적이어서 평소에 입는 사람들도 더러 있으며, 식당 종업원들이 유니폼으로 입는 경우도 많습니다.

치파오를 입고 있는 남녀

다양한 디자인의 치파오

결혼식 예복으로 입은 치파오

치파오를 입은 종업원들

快放假了，寒假打算怎么过?

Kuài fàngjià le, hánjià dǎsuàn zěnme guò?

곧 방학이네요, 겨울방학 어떻게 보낼 계획이에요?

학습 목표
- 춘절 관련 대화 나누기
- 춘절 문화 이해하기
- 춘절 관련 용어 익히기

放假	fàngjià	동 방학하다
寒假	hánjià	명 겨울 방학
过春节	guò chūnjié	구정을 쇠다
主要	zhǔyào	부 주로, 대부분
团圆	tuányuán	동 한자리에 모이다
尤其	yóuqí	부 특히, 더욱
年夜饭	niányèfàn	명 섣달 그믐날 저녁에 온 식구가 모여서 함께 먹는 음식
除夕	chúxī	명 섣달 그믐날(밤)
鱼肉	yúròu	명 생선(의 살)
有余	yǒuyú	동 여유가 있다, 남다
安排	ānpái	명 안배, 일정 동 안배하다, 계획하다
过年	guònián	동 설을 쇠다
购票	gòupiào	동 표를 사다
抢	qiǎng	동 빼앗다, 탈취하다
挤	jǐ	동 꽉 차다, 붐비다
上洗手间	shàng xǐshǒujiān	화장실에 가다
团聚	tuánjù	동 한자리에 모이다
舞狮子	wǔ shīzi	사자춤을 추다
庙会	miàohuì	명 묘회 [절 옆의 임시 시장]
就算…, 也…	jiùsuàn…, yě…	설사 ~하더라도, ~하겠다

MP3 12-02

회화 1 따웨이와 정호가 춘절에 대한 이야기를 나눕니다.

正浩
Zhènghào
快放假了，寒假打算怎么过？
Kuài fàngjià le, hánjià dǎsuàn zěnme guò?

大伟
Dàwěi
我回家过春节。
Wǒ huíjiā guò chūnjié.

正浩
Zhènghào
你们春节都是怎么过的呀？
Nǐmen chūnjié dōu shì zěnme guò de ya?

大伟
Dàwěi
春节主要就是家人团圆嘛，
Chūnjié zhǔyào jiù shì jiārén tuányuán ma,

我尤其想念年夜饭。
wǒ yóuqí xiǎngniàn niányèfàn.

正浩
Zhènghào
什么是年夜饭？
Shénme shì niányèfàn?

大伟
Dàwěi
年夜饭就是除夕晚上一家人吃的团圆饭，
Niányèfàn jiù shì chúxī wǎnshang yìjiārén chī de tuányuánfàn,

有各种好吃的。
yǒu gèzhǒng hǎochī de.

正浩
Zhènghào
除夕你们都包饺子吗？
Chúxī nǐmen dōu bāo jiǎozi ma?

大伟
Dàwěi
北方包饺子，南方会有别的菜。
Běifāng bāo jiǎozi, nánfāng huì yǒu biéde cài.

对了，还必须有鱼肉。
Duì le, hái bìxū yǒu yúròu.

正浩
Zhènghào
为什么要有鱼肉啊?
Wèishénme yào yǒu yúròu a?

大伟
Dàwěi
年年有余啊!① 对，要是你没有别的安排，
Niánnián yǒuyú a!　Duì,　yàoshi nǐ méiyǒu biéde ānpái,

春节去我老家过年怎么样啊?
chūnjié qù wǒ lǎojiā guònián zěnmeyàng a?

正浩
Zhènghào
去你老家?
Qù nǐ lǎojiā?

大伟
Dàwěi
我老家是个小城市，在那儿过春节比在北京
Wǒ lǎojiā shì ge xiǎo chéngshì, zài nàr guò chūnjié bǐ zài Běijīng

热闹多了。
rènao duō le.

正浩
Zhènghào
好啊，好啊! 我特别想去。可是火车票能
Hǎo a,　hǎo a! Wǒ tèbié xiǎng qù. Kěshì huǒchēpiào néng

买着吗? 我听说过年火车票很难买。
mǎizháo ma? Wǒ tīngshuō guònián huǒchēpiào hěn nán mǎi.

大伟
Dàwěi
对，这确实是个问题，不过现在网上购票
Duì, zhè quèshí shì ge wèntí, búguò xiànzài wǎngshang gòupiào

应该比以前方便，反正我们试试吧。
yīnggāi bǐ yǐqián fāngbiàn, fǎnzhèng wǒmen shìshi ba.

 Tip ① 鱼(yú 물고기)는 余(yú 남다)와 발음이 같습니다. **年年有余**는 '해마다 여유가 있다'라는 뜻입니다.

MP3 12-03 ᴳ

호호 2   따웨이의 이야기

我好不容易才抢到回家过年的票。本来正浩也要
Wǒ hǎoburóngyi cái qiǎngdào huíjiā guònián de piào. Běnlái Zhènghào yě yào

跟我一起回家，可是火车票没买着，他不能去了。
gēn wǒ yìqǐ huíjiā,   kěshì huǒchēpiào méi mǎizháo, tā bù néng qù le.

火车上都挤满了人，想上个洗手间都很困难，所以一路
Huǒchē shàng dōu jǐmǎn le rén, xiǎng shàng ge xǐshǒujiān dōu hěn kùnnán, suǒyǐ yílù

上我都不敢喝太多水。哎，累就累吧。想想回家可以
shang wǒ dōu bùgǎn hē tài duō shuǐ. Āi,   lèi jiù lèi ba.   Xiǎngxiang huíjiā kěyǐ

和家人团聚，吃各种好吃的，还可以看舞狮子、逛庙会
hé jiārén tuánjù, chī gèzhǒng hǎochī de, hái kěyǐ kàn wǔ shīzi、guàng miàohuì

什么的，就算要坐十多个小时的火车，也是值得的。
shénme de, jiùsuàn yào zuò shíduō ge xiǎoshí de huǒchē, yě shì zhíde de.

01 尤其

尤其는 '(여러 가지 중에서) 특히', '더욱이'라는 뜻입니다. 尤其 뒤에 是가 붙기도 합니다.

小张喜欢运动，尤其喜欢踢足球。　샤오장은 운동을 좋아하는데, 특히 축구를 좋아한다.

这一点尤其重要。　이 점이 특히 중요하다.

她长得很美，尤其是她的眼睛。　그녀는 아름답게 생겼다, 특히 그녀의 눈이 아름답다.

这是我们全家，尤其是哥哥特爱吃的。
이것은 우리 가족 모두가, 특히 형이 특별히 (먹기) 좋아하는 것이다.

02 安排

安排는 '안배(하다)', '배치(하다)', '마련(하다)', '준비(하다)', '계획(하다)' 등으로 다양하게 해석할 수 있습니다.

今晚有什么安排吗？　오늘 저녁에 무슨 계획이 있나요?

一切都已经安排好了。　모든 것이 이미 마련되었다.

你要合理地安排时间。　너는 합리적으로 시간을 계획해야 한다.

你给他安排好工作后，他就突然不见了。
당신이 그에게 직업을 마련해 준 뒤, 그는 갑자기 사라졌어요.

　　　　　　　　　　　　　　　　　单어 合理 hélǐ 형 합리적이다

03 결과보어 着

결과보어 着 zháo는 목적이 달성됨을 의미합니다.

我老公晚上坐在沙发看电视，看着看着就睡着了。
내 남편은 저녁에 소파에 앉아서 TV를 보는데, 보다가 보다가 잠이 들었다.

三十年前找不着，今天找着了。
삼십 년 전에는 못 찾았지만, 오늘 찾았다.

最近房子很难买，有钱也买不着。
요즘은 집 사기가 어려워서, 돈이 있어도 못 산다.

04 결과보어 满

결과보어 满은 '동작의 결과 가득 차게 되었다'는 것을 나타냅니다.

教室里坐满了人，没有一个空的座位。
교실에 사람이 가득 앉아서, 빈 자리가 하나도 없다.

到了山顶一看，山上已经站满了人。
산 정상에 도착해서 보니, 산 위에는 이미 사람들이 가득 서 있었다.

书架已经放了九十九本书，再放上一本就放满了。
책꽂이에 이미 99권의 책을 꽂았다, 한 권 더 꽂으면 다 찬다.

> 단어 **座位** zuòwèi 몡 좌석, 자리 | **书架** shūjià 몡 책꽂이

05 A＋就＋A＋吧

'A＋就＋A＋吧'는 'A하면 A하는 거지'의 의미입니다.

他不高兴就不高兴吧，我们无法满足所有的人。
그가 기분 나쁘면 기분 나쁜 거지, 우리는 모든 사람을 만족시킬 수는 없다.

吃亏就吃亏吧，我不在乎。
손해 보면 손해 보는 거지, 나는 상관 없다.

没关系，不好吃就不好吃吧。
괜찮아, 맛 없으면 맛 없는 거지.

> 단어 **无法** wúfǎ 동 ~할 수 없다 | **所有的** suǒyǒu de 모든 |
> **吃亏** chīkuī 동 손해보다 | **不在乎** búzàihu 동 대수롭지 않게 여기다

184

06 …什么的

'…什么的'는 몇 가지 예를 나열하고 그 뒤에 써서 '~등등'의 의미를 나타냅니다. 같은 뜻인 等等
보다 구어적인 표현입니다.

这儿有鱼香肉丝、西红柿炒鸡蛋、糖醋里脊什么的，你就随便点啊。
여기 위샹러우쓰, 시훙스차오지단, 탕추리지 같은 것들이 있으니, 마음껏 주문하세요.

写报告、打打工什么的，他最近特别忙。
보고서 쓰기, 아르바이트 등등, 그는 요즘 매우 바쁘다.

爬山、跑步、游泳什么的，他都喜欢。
등산, 달리기, 수영 등을 그는 모두 좋아한다.

단어 打工 dǎgōng 명 동 아르바이트(하다)

07 哪怕…, 也…

就算은 '설령 ~일지라도'라는 뜻으로, 也와 함께 쓰여 '설령 ~일지라도, ~하다'라는 뜻을 나타냅니다.

就算明天下雨，我也要去。
내일 비가 온다고 하더라도, 나는 가야 한다.

就算是伟大的音乐家，也需要不断的练习。
위대한 음악가라고 하더라도, 부단한 연습이 필요하다.

他下定决心，就算跑最后一名也要坚持跑完。
그는 결심했다, 꼴찌를 하더라도 끝까지 달리겠다고.

단어 伟大 wěidà 형 위대하다 ｜ 音乐家 yīnyuèjiā 명 음악가 ｜
不断的 búduàn de 부단한 ｜ 下定决心 xiàdìng juéxīn 결심을 하다

MP3 12-04 Ⓖ

01 A **打算怎么过?** A에는 어떻게 보낼 계획이에요?

寒假
Hánjià

五一
Wǔ Yī

十一
Shí Yī

春节
Chūnjié

打算怎么过?
dǎsuàn zěnme guò?

MP3 12-05 Ⓖ

02 A **主要就是** B **嘛。** A에는 주로 B하는 거죠.

除夕 Chúxī		家人团圆 jiārén tuányuán	
周末 Zhōumò	**主要就是**	休息 xiūxi	**嘛。**
白天 Báitiān	zhǔyào jiù shì	工作 gōngzuò	ma.
我喜欢的 Wǒ xǐhuan de		那几个 nà jǐ ge	

 단어 白天 báitiān 명 낮

186

MP3 12-06

03 A 能 B 着吗? A를 B할 수 있나요?

| 火车票
Huǒchēpiào

饭
Fàn

工作
Gōngzuò

答案
Dá'àn | 能
néng | 买
mǎi

吃
chī

找
zhǎo

猜
cāi | 着吗?
zháo ma? |

> 단어 **答案** dá'àn 몡 답안, 해답 | **猜** cāi 동 알아맞히다, 추측하다

MP3 12-07

04 为什么要 A B 呀? 왜 B를(/에) A해야 해요?

| 为什么要
Wèishénme yào | 学
xué

去
qù

见
jiàn

问
wèn | 英语
Yīngyǔ

北京
Běijīng

她
tā

老师
lǎoshī | 呀?
ya? |

1 MP3 12-08

녹음을 듣고 내용과 일치하는 문장에는 O, 일치하지 않는 문장에는 X표 하세요.

① (　　　) 男的要回老家过春节。

② (　　　) 男的老家过年很热闹。

③ (　　　) 女的上周从网上买了火车票。

④ (　　　) 男的买好了火车票。

2 본문 내용에 근거해서 빈칸을 채워 보세요.

　　大伟好不容易才_____回家过年的_____。火车上都_____了人，想

　____个洗手间都很困难。但是想想回家可以和家人_____，吃_____好吃

的，____要坐十多个小时的火车，____是值得的。

3 본문 내용에 근거해서 아래 질문에 답해 보세요.

① 过春节，大伟尤其想念的事是什么？

　⋯→ _____

② 年夜饭是什么？

　⋯→ _____

③ 正浩跟大伟一起回家了吗？

　⋯→ _____

④ 大伟春节在老家怎么过？

　⋯→ _____

4 다음 글을 읽고 아래 질문에 답해 보세요.

> 春节前买票不好买，去年寒假时我差一点就没抢到回老家的火车票，所以这次我买得很早。我的老家在北方，是一个小城市，过春节非常热闹。我们全家人会一起准备除夕夜的团圆饭，做每个人喜欢吃的菜，还会一起包饺子。我们还会准备各种各样的点心和零食，自己也吃，也拿给小朋友吃。我妈妈喜欢逛庙会，我和弟弟喜欢看舞狮子。

① 去年寒假时我买到回老家的火车票了吗？

⋯▸ _____

② 我的老家在哪里？在那里过春节热闹吗？

⋯▸ _____

③ 谁会准备除夕夜的团圆饭？

⋯▸ _____

📝**단어** **差一点** chàyìdiǎn 🔲 하마터면 (~할 뻔하다) | **各种各样** gèzhǒng gèyàng 가지각색 |
点心 diǎnxin 📖 가벼운 식사, 디저트 | **零食** língshí 📖 간식

5 옆 사람과 함께 다음 질문을 묻고 답해보세요.

① 这次放寒假你回老家吗？

⋯▸ _____

② 你的老家在哪里？在那里过春节热闹吗？

⋯▸ _____

③ 你们那里一般怎么过春节？

⋯▸ _____

④ 每次过春节你都会回老家吗？不怕累吗？

⋯▸ _____

MP3 12-09

放鞭炮 fàng biānpào
폭죽을 터뜨리다

红包 hóngbāo
용돈을 담는 붉은 봉투

压岁钱 yāsuìqián 세뱃돈

拜年 bàinián 세배하다

元宵节 Yuánxiāojié
정월 대보름

亲戚 qīnqi 친척

春运 chūnyùn
음력설을 위한 여객, 화물 수송

年糕 niángāo 녠까오

汤圆 tāngyuán 탕위엔

春联 chūnlián 춘롄

剪纸 jiǎnzhǐ 종이공예

扫尘 sǎochén
새해 대청소를 하다

춘절 기차표 예매에 대해 알아보세요.

우리나라 사람들이 설날에 고향에 가듯이 중국 사람들도 춘절에 고향에 갑니다. 이동하는 인구가 어마어마한데, 2018년에는 전국적으로 약 3억 8천명의 인원이 이동했다는 보고가 있었습니다. 그야말로 민족의 대이동이지요. 그래서 춘절 기간에는 기차표 사기가 매우 어렵습니다. 지금은 인터넷 구매 등으로 사정이 좀 나아졌지만, 그래도 여전히 몇 주 전부터 구매대행사에 수수료를 주고 표를 기다리거나, 기차역에서 줄을 서서 표를 사는 사람들도 많습니다.

기차표를 사려고 줄 서 있는 사람들

중국 기차표

춘절 기차 안의 풍경

휴대전화로 기차표 예매

복습 07~12

- 주요 문장 · 회화 체크 · 주요 어법

7과 你毕业以后有什么计划?

· 这个学期已经过了一半了，时间过得真快。

· 你毕业以后有什么计划?

· 我打算从下个学期开始复习考研。

· 你肯定能考上好的大学。

· 反正试试看吧。

· 北京生活压力太大，不如去别的城市。

· 我觉得不管在哪里工作都差不多的。

· 真希望能找到一份合适的工作。

8과 怎么办呀! 我又长胖了!

· 一天比一天冷了，快到冬天了。

· 看起来确实是有点儿小。

· 你哪儿胖啊?

· 我还是觉得我太胖了，要开始减肥了!

· 健康才是最重要的。

· 既可以锻炼身体，又可以减肥。

· 你能陪我一起锻炼吗?

· 要不咱们就从今天开始吧!

9과 你先别着急，趁机会多休息几天吧。

· 你别起来了，就躺着吧。

· 这是怎么回事啊?

· 昨天实在受不了了，就去看医生。

· 你吃错什么了吗?

· 有可能两周前吃的海鲜有点问题。

· 有时候连水也喝不下去，而且浑身酸疼。

· 工作再忙也要注意身体啊。

· 我从上个星期开始身体很不舒服。

10과 今天空气也很糟糕，你看外面雾霾多严重。

· 今天出去散散步，怎么样？

· 你看外面雾霾多严重，改天再出去吧。

· 天气预报靠谱吗？

· 雾霾天还是尽量减少出门吧。

· 我光呆在家里都感觉嗓子好难受。

· 今天是难得的好天气，我们出去玩玩吧。

· 最近空气污染越来越严重。

· 现在不但有沙尘暴，并且一年四季有雾霾。

11과 实在对不起，我把时间看错了。

· 我都等了半天了，你到哪里了呀？

· 不是说好的六点半吗？

· 谁知出门正好赶上晚高峰。

· 非得让我在路边干等了半天，好累啊！

· 我先去旁边的咖啡厅等你吧。

· 真的不好意思哦，以后我一定会注意。

· 对我来说这不是件容易的事儿。

· 她对我越来越失望，我到底该怎么办呢？

12과 快放假了，寒假打算怎么过？

· 快放假了，寒假打算怎么过？

· 你们春节都是怎么过的呀？

· 春节去我老家过年怎么样啊？

· 在那儿过春节比在北京热闹多了。

· 火车票能买着吗？

· 火车上都挤满了人。

· 累就累吧。

· 就算要坐十多个小时的火车，也是值得的。

회화 체크

아래의 한국어 문장을 중국어로 바꿔서 말해 보세요.

진로 관련 표현

❶ 넌 졸업 후에 무슨 계획이 있니?

❷ 나는 대학원에 가고 싶어.

❸ 요즘 취업 스트레스가 진짜 커.

❹ 우리 다 힘내자!

다이어트 관련 표현

❶ 어떡해! 나 또 살쪘어!

❷ 난 그래도 너무 뚱뚱한 것 같아.

❸ 오늘부터 저녁밥은 안 먹을 거야.

❹ 매일 운동장 가서 몇 바퀴씩 뛰어.

병문안 관련 표현

❶ 병원에 입원했다는 소식을 듣고 얼마나 걱정했는지 몰라요.

❷ 뭐 잘못 먹었어요?

❸ 급하게 생각하지 말고 이 기회에 며칠 더 쉬어요.

❹ 일이 아무리 바빠도 건강에 신경써야죠.

미세먼지 관련 표현

❶ 밖에 미세먼지가 얼마나 심한지 봐.

❷ 나는 더 못 참겠어.

❸ 공기가 대체 언제야 예전처럼 좋아질까?

❹ 요즘 환경오염이 정말 심하다.

사과 관련 표현

❶ 나 한참 기다렸어, 자기 어디야?

❷ 내가 마음이 너무 급해서 자기한테 알려주는 걸 잊었어.

❸ 정말 미안해. 시간을 잘못 봤어.

❹ 다음부터는 조심할게, 화내지 마.

춘절 관련 표현

❶ 난 집에 가서 설을 쇨 거야.

❷ 설에는 주로 가족들이 다 모이지.

❸ 듣기로는 설에 기차표 사기 어렵다고 하던데.

❹ 나는 어렵사리 설 쇠러 고향에 갈 표를 구했다.

주요 어법

01 不如

不如는 '~만 못하다', '~하는 것만 못하다'라는 뜻입니다. 비교 내용은 써도 되고 쓰지 않아도 됩니다. 不如는 자주 与其(yǔqí '~하기보다는', '~하느니')와 같이 써서 '与其…, 不如…'의 형태로 씁니다.

今天去不如明天去。 오늘 가는 것은 내일 가는 것만 못하다.

小张不如小李。 샤오장은 샤오리만 못하다.

与其今天去，不如明天去。 오늘 가느니 내일 가는 게 낫다.

02 不管…, 都…

不管은 '~에 관계없이'라는 뜻으로, 주로 '不管…, 都…'의 형식으로 써서 '~에 관계없이 모두 ~하다'라는 뜻을 나타냅니다.

不管你是好人坏人，我都喜欢你。
당신이 좋은 사람이든 나쁜 사람이든, 나는 당신을 좋아합니다.

不管怎么忙，他每天都去看父母。
얼마나 바쁜든지, 그는 매일 부모님을 뵈러 간다.

03 要么…, 要么…

要么는 '~아니면'의 뜻으로, 상황이 여의치 않을 때 대안을 제시하거나 바람을 나타내는 의미로 씁니다.

办公室的人都下班了，要么明天再来吧。
사무실 사람들 다 퇴근했어요, 아니면 내일 다시 오세요.

现在是晚高峰，路上特别堵，要么坐地铁去吧。
지금은 퇴근시간이라, 길이 많이 막혀요, 아니면 지하철 타고 갑시다.

要么는 한 문장 내에서 '要么…, 要么…'로 겹쳐 쓸 수 있는데, 이 경우 '~든지, ~든지'라는 의미를 나타냅니다.

要么今天去，要么明天去，反正一定要去。
오늘 가든지, 내일 가든지, 아무튼 꼭 가야 되요.

要么买这个，要么买那个，别的我都不想买。
이걸 사든지, 저걸 사든지, 다른 것은 다 안 사고 싶어요.

04 才의 용법

1. '이제야', '겨우'라는 뜻이 있습니다.

你怎么现在才来呢？ 당신은 어째서 이제야 왔어요?

这孩子今年才六岁。 이 아이는 올해 겨우 여섯 살이다.

2. '~해야만'이라는 뜻이 있습니다.

这样做才能满足老师的要求。 이렇게 해야만 선생님의 요구를 만족시킬 수 있다.

这件事情要他来做才行。 이 일은 그가 해야만 한다.

3. '~야말로'라는 뜻으로, 강조의 용법으로도 씁니다.

他才是个真正的英雄。 그야말로 진정한 영웅이다.

健康才是最重要的。 건강이야말로 가장 중요한 것이다.

05 既…，又…

既는 '~할 뿐만 아니라', '~뿐더러'라는 뜻으로, '既…，又…'는 '~할 뿐만 아니라, ~하다'는 뜻입니다. 既와 又 뒤에 오는 성분은 주로 구조와 음절 수가 같습니다.

她是个既聪明又漂亮的姑娘。
그녀는 총명할 뿐만 아니라 예쁜 아가씨다.

希望成功的人既要努力工作，又要努力学习。
성공하고 싶은 사람은 열심히 일해야할 뿐 아니라, 열심히 공부해야 한다.

06 여러 가지 금지 표현

'~해서는 안 된다', '~하지 마라'라는 표현으로는 不能, 不要, 别가 자주 쓰입니다.

这里不能游泳。 여기서는 수영하면 안 돼요.

你不要那样说。 그렇게 말하지 말아요.

你别出去了。 나가지 말아요.

말투를 부드럽게 하려면 '~할 필요 없다'는 뜻의 不用, 甭, 不必를 쓸 수 있습니다.

你不用客气，这是应该的。 고마워할 필요 없어요, 당연한 일인 걸요.

你甭说。 말할 필요 없어요.

家里一切都好，请爸爸安心工作，不必挂念。
집안은 모두 평안하니, 아빠는 안심하고 일하세요. 괘념치 않으셔도 돼요.

07 连…也

'连…'은 '~조차', '~마저'라는 뜻으로, 也 또는 都와 자주 짝을 이룹니다.

他特别穷，连买张车票的钱也没有。 그는 아주 가난해서, 차표 한 장 살 돈도 없다.

这件事连我妈妈都不知道。 이 일은 우리 엄마도 모른다.

08 再…也

'再…也'는 '아무리 ~해도'라는 뜻입니다.

这个质量非常好，再贵也值得买。 이건 품질이 아주 좋아요, 아무리 비싸도 살 만해요.

再苦再累也要坚持。 아무리 고생스럽고 아무리 피곤해도 견뎌야 한다.

09 동사의 중첩형

'동사＋목적어' 구조의 동사는 중첩형을 만들 때, 목적어를 제외하고 동사만을 중첩합니다.

没事儿做就扫扫地。 할 일이 없을 때는 바닥을 씁니다.

每天睡前要洗洗脸。 매일 잠자기 전에 세수를 해야 합니다.

10 并且

并且는 '더욱이', '게다가'라는 뜻의 접속사로, 而且와 용법이 거의 비슷하며, 서면어로 많이 씁니다. 并且는 일반적으로 '不但…，并且…(~할 뿐만 아니라 ~하다)', '不光…，并且…(~할 뿐만 아니라 ~하다)'의 구조로 씁니다. 또한 也, 还와 자주 같이 쓰입니다.

他会做饭，并且做得特别好。 그는 요리를 할 수 있고, 게다가 아주 잘한다.

他不光会说英语，并且还会说日语。 그는 영어를 할 수 있을 뿐 아니라, 일어도 할 수 있다.

11 非得…(不可)

非得는 '~하지 않으면 안 된다', '반드시 ~해야 한다'라는 뜻으로, 非要와 의미가 거의 비슷합니다. 非得와 非要는 단독으로도 쓰고, 不可, 不行 등과도 자주 함께 사용합니다.

吃炸酱面不用非得去北京。 자장면을 먹으려고 굳이 베이징에 갈 필요는 없다.

你非要这么做吗? 당신 꼭 이렇게 해야겠어요?

这件事别人不了解情况，非得你去处理不可。
이 일은 다른 사람들은 상황을 모르니, 당신이 가서 처리하지 않으면 안 되겠어요.

12 就算…，也…

就算은 '설령 ~일지라도'라는 뜻으로, 也와 함께 쓰여 '설령 ~일지라도 ~하다'라는 뜻을 나타냅니다.

就算明天下雨，我也要去。
내일 비가 온다고 하더라도, 나는 가야 한다.

就算是伟大的音乐家，也需要不断的练习。
위대한 음악가라고 하더라도, 부단한 연습이 필요하다.

他下定决心，就算跑最后一名也要坚持跑完。
그는 결심했다, 꼴찌를 하더라도 끝까지 달리겠다고.

부록

我的手机出了点儿问题，要维修一下。
제 휴대전화에 문제가 생겨서, 수리를 하려고요.

본문 해석

회화 1

직원 안녕하세요! 무슨 일로 오셨나요?

수진 안녕하세요! 제 휴대전화에 문제가 생겨서, 수리를 하려고요.

직원 어디가 문제가 있나요?

수진 휴대전화가 어떤 때 작동이 멈추기도 하고요, 화면 터치가 느린데, 왜 이런지 모르겠어요.

직원 휴대전화를 떨어뜨린 적이 있으세요?

수진 몇 번 떨어뜨렸어요.

직원 그렇다면 아마 화면 문제일 거예요. 제가 좀 볼게요. 아, 액정이 깨졌네요. 새로운 액정으로 바꾸셔야 해요. 이 휴대전화 언제 사신 거예요?

수진 2년 전에 산 거예요.

직원 그러면 이미 보증기간이 지났네요. 수리비 400위안 내셔야 해요.

수진 네, 괜찮아요. 수리하는 데 시간이 얼마나 걸릴까요?

직원 반 시간이면 됩니다. 옆에서 좀 쉬고 계세요.

수진 제가 다른 일이 있어서 그런데, 2시간 후에 와서 찾아가도 될까요?

직원 괜찮습니다.

수진 그럼 2시간 후에 다시 올게요. 감사합니다!

회화 2

2년 전에 나는 최신 스마트폰을 사느라, 5천 위안을 넘게 썼다. 막 샀을 때, 나는 새 휴대전화를 아주 애지중지했지만, 몇 개월이 지난 뒤에는 점점 아무렇게나 쓰게 되었다. 몇 번은 땅에 떨어뜨렸고, 심지어는 물에 빠뜨리기도 했다. 그래서 지금은 휴대전화에 여러 문제가 생겼고, 어떤 때는 작동이 멈추기도 한다. 그래서 나는 오늘 AS센터에 가서 휴대전화를 수리하느라, 400위안을 썼다. 만약 다음 번에 또 문제가 생기면, 아예 새로운 휴대전화를 사는 게 나을 것 같다.

연습 문제

1

① O
② X
③ O
④ O

〈녹음 내용〉

女的 我的手机出了点儿问题，可能得去维修一下。

男的 你的手机怎么了？

女的 我的手机经常很慢，偶尔还会死机。

男的 这个手机是什么时候买的？

女的 四年前买的，当时还是最新款呢。

男的 那可能是用得时间太长了，换一个新的吧。

2

了，智能手机，刚，对，爱惜，了，变得，结果，会

3

① 秀珍的手机有时候会死机，屏幕接触不灵。
② 屏幕摔坏了。
③ 半个小时就行。
④ 秀珍想干脆买一个新的手机。

4

① 我的手机屏幕摔碎了，有时候还会死机或者突然关机。
② 这个手机用了快两年了。
③ 我的朋友在劝我换一个新手机。

5

〈모범 답안〉

A: 您好！您需要哪款手机？

B: 我想看看三星的最新款手机。

A: 最新款是Galaxy S9，现在有白色和黑色两种颜色。

B: 那我先看看黑色吧。内存有多大？

A: 运行内存是6G，存储容量有64G、128G和256G三种。

B: 请先帮我拿一个64G的，我先试一下。

早上我去报名HSK考试了。
아침에 나는 HSK 시험을 접수하러 갔어요.

본문 해석

회화 1

민호 은미야, 아침에 어디 갔었니? 너한테 갔었는데, 마침 없더라고.

은미 아침에 HSK 시험 접수하러 갔었어.

민호 너 지난 달에 시험보지 않았어? 이렇게 빨리 또 시험 보려고? 몇 급 보려고 하는데? 5급?

은미 아니, 또 4급 봐야 해. 지난 번에 준비를 잘 못해서, 5점 차로 합격하지 못했거든.

민호 에이, 괜찮아, 내가 보기에 너 요즘 중국어가 엄청 늘었던데, 이번에는 분명 문제 없을 거야.

은미 그렇게 되면 좋겠다! 정말 이번에는 4급 합격증을 꼭 받고 싶어. 너는? 넌 언제 시험 보니? 내가 보기에 넌 중국어를 이렇게 잘하는데, 지금 6급을 봐도 문제 없을 것 같은데.

민호 뭘, 과찬이야, 아직도 멀었어. 난 이번 학기에는 우선 5급을 보고, 다음 학기에 상황을 봐서 6급을 보려고.

은미 내가 너라면, 난 바로 6급을 볼 거야. 응시료도 많이 비싸잖아, 얼마나 낭비야!

민호 괜찮아, 천천히 하지 뭐.

회화 2

나는 중국에 온 지 벌써 5개월이 되었다, 중국에 온 이후로 나의 중국어는 많이 향상되었다. 지금은 수업 시간에 선생님께서 하시는 말씀 거의 다 알아듣고, 일상생활의 기본 회화도 비교적 유창하다고 할 수 있다. 발음도 괜찮아서, 한국인 특유의 억양이 거의 없어졌다. 게다가 단어도 많이 외워서 지금은 책 읽는 속도도 예전처럼 그렇게 느리지는 않다. 하지만 작문은 난 정말 자신이 없는 게, 많은 한자를 쓸 줄 모른다. 두 세 달 동안 매일 최소한 한자를 10개씩 외워야만 HSK 6급 시험 준비를 할 수 있을 것 같다.

연습 문제

1

1 O

2 X

3 X

4 O

〈녹음 내용〉

男的 你在干什么？

女的 我在准备HSK六级，下个周末考试。

男的 那你准备得怎么样了？感觉难吗？

女的 我感觉有点儿难，不知道这次能不能考过。

男的 好好准备，你肯定没问题。如果有不懂的也可以问我。

女的 好的，先谢谢你了。我真希望这次能考过。

2

了，有了，进步，对话，听懂，日常，算是，把握，汉字

3

1 恩美早上去报名HSK考试了。

2 敏浩下个学期看情况考六级。

3 敏浩来中国已经五个月了。

4 写作敏浩真的没有把握，好多汉字都不会写。

4

1 我来中国一年半了。

2 这次我报了HSK六级。

3 中国朋友说我的词汇量还可以。

5

〈모범 답안〉

1 我学汉语三年多了，我觉得汉语有点儿难。

2 我考过HSK，考过了四级。

3 我觉得你如果好好准备肯定没问题。

4 我在准备考HSK四级。

UNIT 3 祝你一路平安!
가시는 길 평안하길 바래요!

본문 해석

회화 1

신화　준수야, 짐은 다 쌌니? 여권이랑 비행기표 다 챙겼지?

준수　짐은 다 쌌고, 여권이랑 비행기표는 가방 안에 있어.

신화　정말 미안해. 내가 할 일이 있어서 학교에 가야 해서, 공항에 배웅 나가지 못하게 됐어.

준수　괜찮아. 따웨이랑 같이 가잖아. 너 일 봐.

신화　아, 네가 간다니 정말 아쉽다. 너 나 잊으면 안돼!

준수　어떻게 그럴 수 있어? 앞으로 자주 연락하자!

회화 2

준수　탑승 수속 다 마쳤어. 지금 9시 15분이니까, 이륙까지 아직 한 시간 정도 남았다.

따웨이　검색대에도 사람이 많아, 아무래도 좀 일찍 들어가는 게 낫지. 얼른 들어가.

준수　응, 시간 내서 배웅해 줘서 고마워.

따웨이　우리끼리 체면 차리지 말자, 당연한 거잖아. 한국에 도착하면, 연락해.

준수　응, 비행기에서 내리면 바로 너에게 위챗 보낼게. 한국에 올 기회가 있으면, 꼭 나 찾아와야 돼.

따웨이　꼭 그럴게. 우리 조만간 다시 만날 수 있으면 좋겠다! 가는 길 평안하길 바래!

회화 3

1년 간의 베이징 생활이 순식간에 지나갔다. 베이징에서 나는 많은 사람들을 만났고, 좋은 친구들도 몇 명 사귀었다. 그 중에서, 따웨이는 내 베스트 프랜드다. 내가 어려운 일이 있을 때마다 그가 도와주었고, 수많은 즐거운 일들도 함께 했다. 베이징을 떠나려고 하니, 그와 헤어지기가 정말 아쉽다. 한국에 돌아가도 그가 정말 보고 싶을 것 같다. 우리가 계속 연락할 수 있으면 좋겠다. 난 우리가 꼭 다시 만날 기회가 있을 거라고 믿는다.

연습 문제

1

① X
② X
③ X
④ O

〈녹음 내용〉

> 男的　几点的飞机? 行李都收拾好了吗?
> 女的　下午三点的, 都收拾好了。
> 男的　护照和身份证也放好了吗?
> 女的　放好了, 都在这个背包里。
> 男的　我想送送你, 但现在有点事, 只能祝你一路平安了。
> 女的　没关系, 坐机场大巴很方便, 以后常联系。

🔖단어　**身份证** shēnfènzhèng 명 신분증

2

交, 好朋友, 最好的, 遇到, 帮忙, 开心, 共享, 了, 舍不得

3

① 新华要去学校办点事。
② 俊秀一下飞机就要给大伟发微信。
③ 大伟说"希望我们能早日再见! 祝你一路平安!"。
④ 因为每次俊秀遇到什么困难大伟都来帮忙, 很多开心的事情他们也都一起共享。

4

① 我的飞机是从北京飞到首尔。
② 明天我打算提前三个小时, 也就是十二点半从家出发。
③ 我的行李是妈妈帮忙收拾的。

5

〈모범 답안〉

① 都收拾好了, 护照放在这个背包里了。
② 好的, 一下飞机我就跟你联系。
③ 放心吧, 我怎么会把你忘了呢。
④ 你还是早点出发比较好, 还要排队过安检呢。

你尝尝，味道怎么样?
맛 좀 보세요, 맛이 어때요?

본문 해석

회화 1

징징　수진아, 왔니!

수진　나 배고파 죽겠어, 아침부터 지금까지 계속 아무것도 못 먹었어.

징징　아이고, 어째, 나 지금 토마토달걀볶음을 만들고 있는 중이야, 금방 다 될 거야.

수진　식당에서 자주 먹던 그 요리 말이야? 잘됐다, 나 마침 어떻게 만드는지 배우고 싶었거든, 하는 김에 나 좀 가르쳐 줘.

징징　아주 간단해. 재료 다 준비됐으니까, 이리 와서 봐봐.

수진　좋아. 나 손 먼저 씻고, 금방 올게.

회화 2

수진　와, 정말 맛있어 보여.

징징　맛 좀 봐, 맛이 어때?

수진　너무 맛있다, 식당 것보다 훨씬 더 맛있어. 너 정말 요리를 잘하는구나!

징징　뭘, 이건 간단한 가정식인 걸.

수진　난 중국 음식 좋아해서, 한국에 돌아간 뒤에도 집에서 직접 해먹고 싶어, 앞으로 많이 가르쳐 주라.

징징　좋지, 내가 주말마다 가정식 한 가지씩 가르쳐줄게. 다음번에 뭐 만들고 싶니?

수진　다음번엔 오이무침을 배워 볼까? 재료는 내가 준비할게.

회화 3

오늘은 너에게 토마토달걀볶음 만드는 법을 가르쳐줄게.

1. 먼저 달걀을 풀고, 그다음 토마토를 작게 썬다.

2. 불을 켜고 팬을 달군 뒤, 기름을 두르고, 달걀을 볶은 뒤, 덜어둔다.

3. 이어서 다시 기름을 두르고, 토마토를 넣고 볶는다.

4. 토마토가 익으면, 방금 전 달걀을 넣은 뒤, 마지막으로 소금을 넣는다.

5. 설탕을 살짝 넣어도 되는데, 토마토의 신맛과 조화가 된다.

됐다, 다 차렸다! 밥 먹자!

연습 문제

1

① X
② O
③ X
④ O

〈녹음 내용〉

> 女的　好饿呀! 我从早上到现在都没吃东西。
> 男的　我也饿了，我们一起做饭吧。你想吃什么?
> 女的　我们吃米饭，再做个西红柿炒鸡蛋怎么样?
> 男的　好啊，又简单又好吃，我来炒。
> 女的　那我先准备米饭。

2

做法，散，再，成，倒，炒一下，接着，等，刚才，进去，最后，也可以，调和

3

① 秀珍从早上到现在一直都没吃东西。
② 太好吃了，比食堂的好吃多了。
③ 把刚才炒的鸡蛋放进去，最后加点儿盐。

4

① 我来中国半年了。
② 我想先学西红柿炒鸡蛋。
③ 学了中国菜，等回到韩国了也能吃。

5

〈모범 답안〉

① 我不太会做菜，可是会做咖喱。
② 我吃过很多中国菜，我喜欢很多种中国菜，西红柿炒鸡蛋和锅包肉等等。
③ 我不会做中国菜。
④ 我想学，但是不知道跟谁学。

단어　咖喱 gālí 명 카레

洗完澡，帮我打扫打扫屋子吧。
샤워 다 하고, 집 청소 하는 것 좀 도와줘.

본문 해석

회화 1

엄마 벌써 10시가 다 됐는데, 너 어째 아직도 자니? 얼른 일어나!

아들 엄마, 저 오늘 몸이 안 좋아요. 머리도 아프고, 온몸에 힘이 없어요. 병 난 거 같아요.

엄마 병은 무슨 병이야, 게임해서 그런 거지! 요 며칠 맨날 새벽 두세 시까지 게임을 하니, 어떻게 버티니!

아들 국경절 연휴잖아요. 저 좀 더 자게 두세요.

엄마 다들 벌써 일어났는데, 너만 아직 안 일어났어. 얼른 일어나! 아이고, 이게 무슨 냄새야? 너 머리 좀 봐라! 언제 감은 거야?

아들 머리에서 냄새 나요? 설마요? 저 금요일에 감았는데요.

엄마 아이고야, 오늘 벌써 화요일이야. 냄새 나 죽겠네, 이게 무슨 꼴이야, 얼른 가서 씻어!

아들 네, 알았어요.

엄마 다 씻고, 집 청소하는 것 좀 도와줘. 집이 너무 지저분하고 더럽다!

회화 2

아들 엄마, 저 어디 청소해요?

엄마 집 전체 쓸고, 닦고, 그리고 화장실 청소해. 변기 닦는 것 잊지 말고!

아들 네, 알겠어요.

회화 3

　매년 국경절 연휴 때면 우리 가족은 여행을 간다. 그러나 올해는 남편이 요즘 매일 야근하느라 너무 피곤하다고, 연휴 때 집에서 좀 쉬자고 했다. 그래서 이번에 우리는 아무 데도 안 가고 집에 있었다. 매일같이 늦잠 자고, 텔레비전 보고, 맛있는 것 먹고, 잘 쉬었다. 오늘 나는 청소를 하고 싶어서, 아들에게 바닥 쓸고, 닦고, 화장실 청소도 하게 하고, 나는 주방을 청소하고, 빨래를 했다. 휴가 때 집에 있는 것도 좋은 것 같다.

연습 문제

1

① O
② X
③ O
④ O

〈녹음 내용〉

> 妈妈 起床啦！该吃午饭了！你怎么还睡？
>
> 儿子 几点了？让我再睡一会儿吧。
>
> 妈妈 都快十一点了，大家都起来了。
>
> 儿子 哎呀，我浑身没劲，不想吃饭。
>
> 妈妈 你昨天又熬夜上网了吧？你先起来，一会儿有客人来，得打扫卫生。
>
> 儿子 哎呀，国庆假期也不让人多睡一会儿。

단어 **熬夜** áoyè 图 밤을 새다

2

老公，加班，休息休息，哪儿都，个，看看，点，好好，一下

3

① 儿子这几天每天都玩到夜里两三点，早上起不来。
② 儿子这几天没洗头发，所以臭死了。
③ 儿子就要把整个屋子扫地、拖地，然后打扫卫生间。最后要清洁马桶。
④ 因为爸爸最近天天加班太累，假期想在家休息休息，所以这次他们哪儿也没去宅在家里。

4

① 国庆节我们全家要出去玩。
② 因为打扫卫生时出了很多汗，我的头发也有三天没洗了，又脏又臭。
③ 妈妈把行李收拾好了。

5

〈모범 답안〉

① 我打算和朋友一起去逛街。
② 我很少熬夜，一般七点起床。
③ 我平时经常帮妈妈打扫卫生。
④ 我很喜欢睡懒觉。

我最近喜欢看《太阳的后裔》。
나는 요즘 《태양의 후예》를 즐겨 봐요.

본문 해석

회화 1

우시 난 한국 드라마 보는 거 정말 좋아해, 매일 시간 날 때마다 봐.

민정 그렇게 재미있어? 신데렐라 이야기 아니면, 왕자와 공주의 사랑 이야기라서 재미없던데.

징징 가끔 스트레스 받을 때 머리 식히기에 좋잖아. 나도 즐겨 봐.

우시 난 요즘 《태양의 후예》를 즐겨 봐. 징징, 너 본 적 있니?

징징 당연하지! 몇 번이나 봤는 걸. 여 주인공 이름은 송혜교였는데, 남자 주인공은 이름이 뭐였더라?

우시 송중기 말하는 거지?

징징 맞아, 맞아. 둘이 정말 잘 어울리고, 연기도 엄청 잘해! 정말 둘이 사귀는 거 같더라니까.

우시 너 몰랐어? 둘이 나중에 정말 사귀고, 벌써 결혼도 했어.

징징 정말? 어쩐지 둘의 연기가 그렇게 자연스럽더라니, 정말 본모습이 나온 거였구나. 민정아, 시간 나면 너도 봐, 한번 볼 만해.

민정 너희 말이 이렇게 솔깃하니, 나도 얼른 시간 내서 봐야겠다.

회화 2

나는 한국 드라마 보는 것을 좋아한다. 어떤 사람들은 한국 드라마가 모두 사랑 이야기 뿐이라 시시하다고 하지만, 난 이런 사랑 이야기를 정말 아름답게 찍는다고 생각한다. 예를 들어 대표적인 한국 드라마 《별에서 온 그대》,《태양의 후예》 등은 정말 낭만적이고 달콤하다. 나중에 한국 여행 갈 기회가 있으면 드라마에 나왔던 장소에 가 보고, 한국 드라마에서 자주 보았던 치킨과 맥주도 맛보고 싶다.

연습 문제

1

① ○

② ○

③ X

④ ○

〈녹음 내용〉

女的	我最近在看一部韩剧，叫《来自星星的你》。
男的	你们女生就爱看韩剧，又无聊又不切实际。
女的	很多韩剧的剧情确实比较相似，但是拍得很浪漫，很好看啊。
男的	你不觉得这是浪费时间吗？男女主角的故事跟你有什么关系？
女的	难怪你们男生不爱看韩剧，真是一点儿也不懂浪漫。

단어 **不切实际** bú qiè shíjì 현실에 맞지 않다 | **剧情** jùqíng 명 줄거리 | **确实** quèshí 분 확실히 | **相似** xiāngsì 형 비슷하다

2

韩剧，拍得，唯美，机会，旅游，景点，尝一尝，炸鸡，啤酒

3

① 敏静想韩剧的内容不是灰姑娘系列，就是王子和公主的爱情故事，所以她觉得没意思。

② 晶晶压力大的时候，看韩剧可以放松一下。

③ 因为吴希觉得韩剧的爱情故事都拍得非常唯美。

④ 吴希以后有机会去韩国旅游就去剧里的景点看看，还有尝一尝韩剧里可以经常看到的炸鸡和啤酒。

4

① 我姐姐最近在看韩剧。

② 我姐姐认为看韩剧不仅可以让人放松，让人变得更浪漫，还能了解一下韩国文化。

③ 我姐姐认为这部韩剧的男女主角不仅长得好看，演技也好，看起来非常般配。

5

〈모범 답안〉

1. 我很喜欢看韩剧，我看过很多韩剧，比如《浪漫满屋》、《我的名字叫金三顺》等等。

2. 我周围有很多女生都喜欢看韩剧，我妈妈也喜欢看韩剧。

3. 我觉得韩剧和美剧都不错，各有各的好。

4. 《大长今》、《我的名字叫金三顺》值得一看。

단어 浪漫满屋 Làngmàn mǎnwū 풀하우스 | 我的名字叫金三顺 Wǒ de míngzì jiào Jīn Sānshùn 내 이름은 김삼순 | 大长今 Dàchángjīn 대장금

 你毕业以后有什么计划?
당신은 졸업 후에 무슨 계획이 있나요?

본문 해석

회화 1

우시 이번 학기도 벌써 반이나 지났어, 시간 정말 빠르다.

따웨이 그러게, 우리도 내년이면 4학년이다. 넌 졸업 후에 무슨 계획이 있니?

우시 난 대학원 가려고. 다음 학기부터 대학원 입학시험을 준비할거야.

따웨이 넌 평소에 성적이 그렇게 좋으니까, 분명히 좋은 대학에 입학할 수 있을 거야.

우시 뭘, 과찬이야. 요즘에는 모두들 대학원 입학시험을 준비하니까, 내 생각엔 대학원에 합격하는 것도 쉽지 않을 거야. 어쨌든 한번 해봐야지.

따웨이 요즘 취업 스트레스가 진짜 커, 나도 취업 준비를 해야겠어!

우시 너는 베이징에서 직장 찾을 거니?

따웨이 예전에는 베이징에 기회가 더 많으니까, 베이징에 남는 것이 제일 좋다고 생각했어. 그런데 요즘은 베이징 생활이 팍팍하니까, 다른 도시에 가는 것만 못한 것 같아.

우시 나도 어디에서 일하든 모두 비슷하다고 생각해. 요즘 경쟁이 이렇게 심한데, 일자리를 찾을 수만 있다면 다행인 것 같아.

따웨이 그래, 적당한 일자리를 찾을 수 있으면 좋겠

다. 우리 힘내자!

회화 2

나는 예전에 과학자가 되고 싶었다. 그래서 학부 때 생물학 전공에 지원했다. 그러나 나중에는 내가 연구를 하는 것에 적합하지 않다고 생각해서, 졸업 후에 취업을 하기로 선택했다. 그러나 이력서를 많이 보낸 뒤에, 여러 업체에서 경력을 요구하거나, 또는 석사 학력을 요구한다는 것을 알게 되었다. 학부를 막 졸업한 사람들이 어떻게 이런 조건에 부합할 수 있겠는가. 나중에 결국 인턴 자리를 찾긴 했지만, 월급이 많지 않고 자주 야근을 해야 했다. 나는 다시 다른 일자리를 찾아보려고 하는데, 정안 되면 대학원 시험을 봐야겠다.

연습 문제

1

1. X
2. O
3. O
4. X

〈녹음 내용〉

男的 你毕业后有什么打算?

女的 我想先投投简历试试看，如果没有合适的就考研。

男的 现在考研的人也很多，读完研还是得找工作呀。

女的 是啊，都是为了能找到一份好工作嘛。你有什么打算呢?

男的 我不打算考研，我们专业大部分都是直接就业。

女的 是啊，你们专业比较好就业。

2

当，适合，直接，总算，单位，不高，加班，实在，考研

3

1. 吴希想读研究生。
2. 大伟以前想在北京机会更多，最好留在北京。可是现在就觉得北京生活压力太大，不如去别的城市。
3. 很多岗位要么要求有工作经验，要么要求有研究生学历。

④ 大伟找到的工作是工资不高还经常加班的。

4

① 我周围的同学要么在投简历找工作，要么在准备考研。

② 我做了两手准备，一边投了几份简历，一边也在准备考研。

③ 毕业后我打算留在山东省，这样离家比较近。

5

〈모범 답안〉

① 毕业后我打算留在北京，离家近一点儿可以经常见到父母。

② 我觉得直接工作比较好，反正读了研之后还要找工作。

③ 我想找一份和我的专业相关的工作，最好工作压力不太大。

④ 为了找工作，我在准备英语考试和HSK考试。

UNIT 8

怎么办呀！我又长胖了！
어떡해! 나 또 살 쪘어!

본문 해석

회화 1

징징　너 왜 이렇게 얇은 바지를 입어? 밖에 엄청 추워.

수진　그래? 일기예보 좀 봐야겠다. 와, 오전에 겨우 5도네!

징징　날이 갈수록 추워져, 곧 겨울이야. 너 좀 더 두꺼운 거 입어.

수진　작년에 산 두툼한 청바지가 있는데, 오늘 그걸 입어야겠다.
　　어라? 작년엔 딱 맞았는데, 지금은 왜 이렇게 끼지?

징징　음, 확실히 좀 작아 보인다.

수진　어떡해! 나 또 살쪘어!

징징　네가 어디가 살이 쪘니? 예전에는 너무 말랐었고, 지금 몸매가 딱 좋아.

수진　에이, 난 그래도 너무 뚱뚱한 것 같아, 다이어트 시작해야겠어! 오늘부터 저녁밥은 안 먹을 거야.

징징　그러면 안 되지, 건강이 가장 중요한 거야. 영양가 있게 먹고, 매일 운동장 가서 몇 바퀴씩 뛰어. 운동도 되고, 살도 빠지고, 얼마나 좋니!

수진　나 혼자 조깅하면 그때마다 작심삼일이지, 꾸준히 하질 못해. 너 나랑 같이 운동해 줄 수 있어?

징징　좋아, 아니면 오늘부터 바로 시작하자!

회화 2

　수진이는 키가 1m 60cm에, 몸무게가 48kg이다, 내 생각에 그녀는 너무 말랐다. 그런데 오늘 그녀는 작년에 어렵사리 2kg을 뺐는데, 올해 다시 살 쪘다며, 다이어트를 시작해야겠다고 했다. 나는 1m 63cm에, 60kg인데, 뚱뚱하지도 마르지도 않고 건강하다고 생각한다. 그러나 그녀는 내가 좀 뚱뚱한 편이라며, 살을 빼야 한다고 했다. 그녀는 마를수록 예쁘다고 생각하는데, 난 정말 이해할 수가 없다. 나는 건강이 더 중요하다고 생각하며, 이후로도 심하게 살을 빼고 싶지는 않다.

연습 문제

1

① O

② O

③ X

④ O

〈녹음 내용〉

女儿	妈，最近一天比一天热，我都没衣服穿了。
妈妈	你不是有好几条裙子吗？我给你找一找。
女儿	但是现在我长胖了，不知道能不能穿上。
妈妈	你哪儿胖呀，现在身材正好。裙子在这儿，你试试。
女儿	妈，你看，我都穿不上了，我得减肥了。
妈妈	不用减肥，健康才是最重要的，咱们可以再去买两条裙子呀。

2

好不容易, 胖, 减肥, 越瘦越, 理解

3

① 看起来确实是有点小。

② 她们要每天去操场跑几圈就减肥。

③ 因为秀珍一个人去跑步每次都只能三天打鱼两天晒网，坚持不下去，所以晶晶要陪秀珍一起锻炼。

④ 晶晶觉得健康更重要，以后也不想过分地减肥。

4

① 因为我穿不上好看的裙子了，感觉太可惜了。

② 我打算从跑步和控制晚饭开始减肥。

③ 妈妈觉得多跑步既可以锻炼身体又可以减肥。

5

〈모범 답안〉

① 想减肥最好的办法就是坚持跑步，而且晚饭也不能吃得太多。

② 我觉得你一点儿也不胖，现在身材正好，不用减肥。

③ 这得看怎么减肥了，如果为了减肥不吃饭，那就会影响身体健康。

④ 不好意思，我不太喜欢跑步。要不我帮你问问小王？

UNIT 9

你先别着急，趁机会多休息几天吧。
조급해 하지 말고, 이 기회에 며칠 더 쉬세요.

본문 해석

회화 1

리나　리우신, 왔어요!

리우신　일어나지 말고, 누워 있어요. 이게 어떻게 된 일이에요? 병원에 입원했다는 소식을 듣고, 얼마나 걱정했는지 몰라요.

리나　나도 생각지도 못했어요. 요즘 몸이 계속 안 좋았는데, 어제는 정말 못 견디겠어서, 진찰 받으러 갔어요. 의사 선생님이 급성간염이라고 빨리 입원해서 치료해야 한다더라고요.

리우신　급성간염이요? 뭐 잘못 먹었어요?

리나　나도 잘 모르겠어요, 2주 전에 먹은 해산물이 좀 문제가 있었던 거 같기도 하고.

리우신　급성간염에 걸리면 정말 힘들다던데, 정말 안됐네요.

리나　맞아요, 거의 일주일을 밥도 못 먹고, 계속 토하기만 했어요. 어떤 때는 물도 못 마시겠더라고요, 게다가 온 몸이 쑤셔요.

리우신　아이고, 불쌍해서 어떡해. 지금은 좀 좋아졌어요?

리나　네. 지난 주보다는 많이 좋아졌어요. 하루 이틀만 지나면 출근할 수 있을 거예요.

리우신　급하게 생각하지 말고, 이 기회에 며칠 더 쉬어요. 일이 아무리 바빠도 건강에 신경 써야죠.

리나　네, 고마워요. 정말 너무 피곤해서, 좀 쉬어야겠어요.

회화 2

　나는 지난 주부터 몸이 안 좋아지기 시작했다, 처음에는 그저 위염이거나 감기라고 생각해서, 대충 약을 먹었는데, 며칠이 지나도 좋아지지 않았다. 나중에 병원에서 검사하고 나서 급성간염에 걸렸기 때문에 입원치료를 해야 한다는 것을 알게 되었다. 내 생각엔 2주 전에 먹었던 해산물이 문제였던 것 같다, 그때 나는 그 포장마차가 별로 위생적이지 않다고 생각은 했는데, 이렇게 심각할 줄은 몰랐다. 지금 난 너무 후회된다. 다음부터는 절대 그 포장마차에 가지 않을 것이다.

연습 문제

1

① O

② X

③ O

④ O

〈녹음 내용〉

女的 我这两天一吃东西就吐，浑身酸疼。
男的 你是不是吃错什么东西了？去医院检查了吗？
女的 医院还没去。你说我是不是得了胃炎？
男的 不管是不是胃炎，你得尽快去医院看看。
女的 我也想去医院，但是我一个人害怕去。
男的 那我一会儿陪你去医院看看吧。

2

不舒服，随便，药，好转，检查，肝炎，住院

3

❶ 因为李娜身体一直很不舒服，昨天实在受不了了，就去看医生。医生说是急性肝炎，所以她住院治疗。
❷ 有可能两周前她吃的海鲜有点问题。
❸ 她差不多一个星期都不能吃饭，一吃就吐。有时候连水也喝不下去，而且浑身酸疼。
❹ 那家大排档不太卫生。

4

❶ 因为最近我一吃东西就难受，连喝水也是，而且浑身酸疼。
❷ 医生说我得了胃炎，让我以后吃东西多注意点儿。
❸ 以后我打算吃好晚饭。

5

〈모범 답안〉

❶ 我最近浑身酸疼，不想吃东西。你可以陪我去医院看看吗？
❷ 我平时生活习惯比较健康，按时吃饭，休息时间也够。
❸ 我住过院，当时我感冒得很严重。
❹ 生病住院的时候，我希望我的好朋友来看我。

 UNIT 10 今天空气也很糟糕，你看外面雾霾多严重。
오늘도 공기가 많이 나빠요, 밖에 미세먼지가 얼마나 심한지 보세요.

본문 해석

회화 1

아내 우리 요 며칠 계속 집에만 있었더니 너무 답답하다. 오늘은 밖에 나가서 산책 좀 하는 게, 어때?

남편 오늘도 공기가 많이 나빠. 밖에 미세먼지가 얼마나 심한지 봐, 다음에 나가자.

아내 매일 하늘이 뿌연 게 벌써 열흘도 넘었다고. 난 이제 못 참겠어.

남편 좀 더 기다려 봐. 일기예보에서 오늘 저녁에 바람이 세게 불 거라고 했으니까, 내일은 날씨가 좋아지겠지?

아내 일기예보가 믿을만 해? 몇 차례나 예보했어도 바람이 세게 부는 날이 없었다고. 난 안 믿어. 우리 오늘 나가자.

남편 미세먼지 있는 날은 될 수 있으면 외출을 삼가는 게 좋아. 집에 있는데도 목이 못 견디겠는데, 실외는 더 심하겠지.

아내 아이, 요즘 환경오염 정말 심각하다. 공기가 대체 언제야 예전처럼 좋아질까?

회화 2

아내 와, 오늘 날씨 정말 좋아! 공기도 정말 깨끗하고!

남편 내가 오늘 날씨가 좋아질 거라고 해도 안 믿더니!

아내 헤헤, 미안, 미안. 오늘은 날씨가 보기 드물게 좋다, 우리 나가서 놀자.

회화 3

요즘 공기 오염이 점점 심해지고 있다. 예전에는 봄철에만 황사가 있었는데, 지금은 황사 뿐 아니라, 1년 내내 미세먼지가 있다. 미세먼지가 심할 때는 외출할 때 반드시 마스크를 써야 하고, 어떤 사람들은 아예 나가지를 않는다. 미세먼지 문제는 어떻게 해야 완전히 해결될까? 지금은 그저 강한 바람이 자주 불어서 미세먼지가 흩어지기만을 바랄 수 밖에 없다. 어릴 적 푸른 하늘이 정말 그립다.

연습 문제

1
① X
② X
③ O
④ O

〈녹음 내용〉

> 爸爸 小明，你周末也闷在家里上网吗？
>
> 儿子 我也不想闷在家里，但是最近雾霾这么严重，出去也不方便呀。
>
> 爸爸 今天是周六嘛，我们还是出去散散步吧。
>
> 儿子 如果要出去，那咱们必须戴上口罩。爸爸，你说吧，想去哪儿？
>
> 爸爸 我想去森林公园，那里面空气应该不错吧？
>
> 儿子 我觉得那里的空气也好不到哪儿去。不过我们去看看吧。

🖉단어 **森林** 몡 삼림, 숲

2
严重, 出门, 口罩, 干脆, 彻底, 盼望, 把, 吹

3
① 因为外面雾霾很严重，所以他们这几天一直在家里呆着。
② 今天晚上会刮大风，明天天气该会变好。
③ 以前只有春天有沙尘暴，现在不但有沙尘暴，并且一年四季有雾霾。
④ 人们现在只能盼望经常刮大风把雾霾吹散。

4
① 五一假期我想和几个好朋友一起去爬山。
② 我怀念小时候，因为那时一年四季都能看见蓝天。
③ 如果假期一直是雾霾，我会请朋友来家里玩儿。

5
〈모범 답안〉
① 雾霾天我会在家里上上网，听听歌，有时也看看电影。
② 雾霾天我不想出去，改天吧。

③ 我希望生活在北京，如果没有雾霾就更好了。
④ 我真不知道雾霾问题该怎么解决。

 UNIT 11

实在对不起，我把时间看错了。
정말 미안해요, 시간을 잘못 봤어요.

본문 해석

회화 1

여자친구 여보세요. 나 한참 기다렸어. 자기 어디야?

남자친구 미안, 조금만 더 기다려, 지금 싼환인데 차가 막혀.

여자친구 6시 반에 보기로 한 거 아니야? 지금 벌써 7시잖아!

남자친구 말도 마, 퇴근하기 직전에 상사 사무실로 불려가서 한참 얘기 들었거든. 회사에서 나올 때 딱 퇴근시간에 걸릴 줄 누가 알았겠어, 길이 계속 막혀.

여자친구 그럼 미리 나한테 좀 늦게 출발한다고 알려주든지, 아니면 어디 들어가서 기다리라고 하든지 했어야지, 꼭 길에서 한참을 기다리게 해야 돼? 진짜 피곤하다고!

남자친구 정말 미안해, 내가 마음이 너무 급해서, 자기한테 알려주는 걸 잊었어, 화내지 않으면 안 될까?

여자친구 그럼 천천히 와, 나는 먼저 옆에 있는 카페에 가서 기다릴게.

회화 2

여자친구 자기 어떻게 또 늦었어? 벌써 몇 시야?

남자친구 정말 미안해, 시간을 잘못 봤어.

여자친구 자기도 참, 어쩜 그렇게 덜렁대, 기다린지 삼십 분이 다 되가니까, 마음이 조마조마 하더라.

남자친구 정말 미안해, 다음부터는 조심할게. 화내지 마.

회화 3

내 여자친구는 공무원이다. 그녀의 직장은 매일 오후 5시 반 정시에 퇴근한다. 그런데 나는 사기업에서 일하는데, 매일 퇴근 시간이 불규칙하다. 여자친구는 우리가 자주 만났으면 하는데, 내 입장에서는 쉽지 않은 일이다. 엊그제 난 그녀와 퇴근 후에 만나기로 했는데, 퇴근시간 쯤에 상사에게 사무실로 불려갔고, 그녀를 거의 한 시간이나 기다리게 했다. 그녀는 점점 나에게 실망하고 있는데, 나는 도대체 어떻게 해야 할까?

연습 문제

1

① O
② X
③ X
④ O

〈녹음 내용〉

> 女的 抱歉! 正好赶上晚高峰, 路上有点堵。
> 男的 没关系, 别着急, 慢慢过来。
> 女的 我还担心你会等着急呢。
> 男的 没事儿, 没事儿。我先去咖啡厅等着。
> 女的 好的, 谢谢你能理解。
> 男的 小事小事! 你先想想一会儿吃什么。

🖉단어 **小事** xiǎoshì 圐 작은 일, 사소한 일

2

准时, 不固定, 约好, 结果, 领导, 让

3

① 因为男朋友快下班的时候被领导叫去办公室说了半天。他出门正好赶上晚高峰, 一直堵在路上了。
② 因为男朋友把时间看错了, 所以女朋友等他快半个小时了。
③ 因为女朋友是公务员, 所以她每天下午五点半准时下班。
④ 男朋友每天下班时间不固定, 所以他们不能经常见面约会。

4

① 我在一个私企工作。
② 我们一般周末约会, 因为我们平时工作都很忙, 只有周末才有时间约会。
③ 如果约会时我迟到了, 我女朋友会很生气。

5

〈모범 답안〉

① 我经常迟到约会。
② 我约会迟到的话, 我的女朋友就会很生气。
③ 我可能会生气, 因为迟到是对别人的不尊重。
④ 我很少上班迟到, 如果迟到的话, 我的领导会很生气。

快放假了, 寒假打算怎么过?
곧 방학이네요, 겨울방학 어떻게 보낼 계획이에요?

본문 해석

회화 1

정호 곧 방학이다. 겨울방학 어떻게 보낼 계획이야?

따웨이 난 집에 가서 설을 쇨 거야.

정호 너희는 설을 어떻게 쇠니?

따웨이 설에는 주로 가족들이 다 모이지, 난 특히 녠예판이 생각나.

정호 녠예판이 뭐야?

따웨이 녠예판은 설 전날 밤에 온 가족이 먹는 밥이야, 각종 맛있는 것이 다 있어.

정호 설 전날에는 모두 만두를 빚니?

따웨이 북쪽 지역에서는 만두를 빚고, 남쪽 지역에서는 다른 음식을 만들어. 맞다, 그리고 반드시 생선이 있어야 돼.

정호 왜 생선이 있어야 해?

따웨이 해마다 풍성하라는 의미거든! 맞다, 만약 너 다른 일정이 없으면, 우리 고향에 가서 설 쇠는 건 어때?

정호 너네 고향에 가자고?

따웨이 우리 고향은 작은 도시인데, 그곳에서 설 쇠는 것은 베이징보다 더 왁자지껄해.

정호 좋아, 좋아! 나 정말 가고 싶다. 그런데 기차표를 살 수 있을까? 듣기로는 설에 기차표 사기 어렵다고 하던데.

따웨이 맞아, 확실히 문제는 문제야. 하지만 지금은 인터넷에서 표를 살 수 있으니 예전보다 훨씬 편할 거야, 어쨌든 우리 시도해 보자.

회화 2

나는 어렵사리 설 쇠러 고향에 갈 표를 구했다. 원래 정호도 나와 같이 가려고 했지만, 기차표를 사지 못해서, 못 가게 되었다. 기차에 사람들이 꽉 차서, 화장실에 가는 것도 힘들다. 그래서 가는 내 내 물도 많이 마실 수가 없다. 아이, 피곤하면 피곤한 거지. 고향에 가서 가족들과 모이고, 각종 맛있는 것도 먹고, 사자춤도 보고, 묘회도 구경할 걸 생각하면, 설령 열 몇 시간 기차를 타야 한대도, 할 만 하다.

연습 문제

1

① O

② O

③ O

④ X

〈녹음 내용〉

> 男的 过春节你回老家吗？
> 女的 当然要回去了，回去一起包饺子吃团圆饭啊。你呢？
> 男的 我也回，我们那里过年非常热闹，尤其是舞狮子，很好看。
> 女的 我上周从网上买了火车票，你也买了吧？
> 男的 哎呀，我还没买呢，我得快点儿买了。
> 女的 对，要不然就抢不到票了。

2

抢到, 票, 挤满, 上, 团聚, 各种, 就算, 也

3

① 除夕晚上一家人吃的年夜饭。

② 年夜饭就是除夕晚上一家人吃的团圆饭，有各种好吃的。

③ 火车票没买着，正浩不能去了。

④ 大伟和家人团聚，吃各种好吃的，还可以看舞狮子、逛庙会什么的。

4

① 去年寒假时我差一点就没抢到回老家的火车票。

② 我的老家是北方的一个小城市，过春节很热闹。

③ 全家人会一起准备除夕夜的团圆饭。

5

〈모범 답안〉

① 肯定回去呀，过春节是一家团圆，很重要呢。

② 我是河南洛阳的，我们那里过春节特别热闹，还能看舞狮子呢。

③ 除夕夜我们会吃团圆饭，初一早上我们会早起，吃饺子，互相拜年。

④ 只要我能回去就一定会回去，就算累一点儿也没关系。

216

L

M

중국어뱅크

집중 중국어 워크북

STEP **4**

동양북스

维修	维修			
wéixiū 수리하다, 보수하다	wéixiū			
有时候	有时候			
yǒushíhou 가끔씩	yǒushíhou			
会	会			
huì ~하곤 하다	huì			
死机	死机			
sǐjī 기계가 다운되다	sǐjī			
屏幕	屏幕			
píngmù 스크린, 액정 화면	píngmù			
接触	接触			
jiēchù 접촉하다, 닿다	jiēchù			
不灵	不灵			
bù líng (기능을) 잘하지 못하다	bù líng			
摔	摔			
shuāi 내던지다, 집어 던지다	shuāi			
坏	坏			
huài 고장나다, 망가지다	huài			
保修期	保修期			
bǎoxiūqī 수리 보증기간	bǎoxiūqī			

维修费
wéixiū fèi 수리비

维修费
wéixiū fèi

取
qǔ 찾다, 가지다, 받다

取
qǔ

最新款
zuìxīnkuǎn
최신형, 최신 스타일

最新款
zuìxīnkuǎn

智能手机
zhìnéng shǒujī 스마트폰

智能手机
zhìnéng shǒujī

爱惜
àixī 아끼다, 소중하게 여기다

爱惜
àixī

变得
biànde ~로 되다

变得
biànde

掉
diào 떨어뜨리다, 떨어지다

掉
diào

甚至
shènzhì 심지어

甚至
shènzhì

结果
jiéguǒ 결국은, 끝내는

结果
jiéguǒ

各种
gèzhǒng 각종(의), 여러 가지

各种
gèzhǒng

售后服务中心 shòuhòufúwù zhōngxīn AS센터	售后服务中心 shòuhòufúwù zhōngxīn		
干脆 gāncuì 시원스럽게, 아예	干脆 gāncuì		
得了 déle 됐다, 충분하다, 좋다	得了 déle		
经过 jīngguò 지나가다	经过 jīngguò		
心疼 xīnténg 마음이 아프다	心疼 xīnténg		
想 xiǎng 그리워하다	想 xiǎng		
迟到 chídào 늦다, 지각하다	迟到 chídào		
忘记 wàngjì 잊어버리다	忘记 wàngjì		
混乱 hùnluàn 혼란스럽다	混乱 hùnluàn		
使用 shǐyòng 사용하다	使用 shǐyòng		

MP3 W01-01

1 녹음을 듣고 빈칸을 채워 보세요.

① 秀珍的手机有时候会 _____ 。

② 秀珍的手机摔过 _____ 。

③ 秀珍的手机是 _____ 买的。

④ 秀珍的手机已经过了 _____ 。

MP3 W01-02

2 녹음을 듣고 알맞은 답을 고르세요.

① A 一年前　　　　B 两年前　　　　C 三年前

② A 运动　　　　　B 买手机　　　　C 休息

③ A 用旧的　　　　B 维修一下　　　　C 买个新的

④ A 很贵　　　　　B 很好　　　　　C 很快

MP3 W01-03

3 녹음을 듣고 내용과 일치하는 문장에는 O, 일치하지 않는 문장에는 X표 하세요.

① (　　　) 女的手机坏了。

② (　　　) 女的明天和男的一起去看手机。

③ (　　　) 男的想买个最新款的智能手机。

④ (　　　) 女的觉得最新款的手机有点儿贵。

4 괄호의 단어를 문장의 알맞은 위치에 넣으세요.

① 每次 A 想 B 你 C 我都 D 心疼。　　　　　　　(会)

② 我 A 一次 B 去 C 过 D 北京。　　　　　　　　(有)

③ A 我突然 B 很 C 能吃 D 。　　　　　　　　　(变得)

④ A 已经 B 过 C 保修期 D 了。　　　　　　　　(了)

5 아래 단어들을 재배열하여 문장을 완성하세요.

① 跑步 / 每天 / 经过 / 我 / 都会 / 这里

　⋯▶ _____

② 最新款 / 两年前 / 智能手机 / 买了 / 一个 / 我

　⋯▶ _____

③ 回 / 怎么 / 不 / 是 / 知道 / 事

　⋯▶ _____

④ 一碗 / 我 / 炸酱面 / 吃了

　⋯▶ _____

⑤ 为什么 / 有 / 学 / 他 / 问我 / 汉语 / 一天

　⋯▶ _____

⑥ 混乱 / 变得 / 最近 / 怎么 / 社会 / 这么

　⋯▶ _____

6 다음 예문에 이어질 문장을 보기에서 골라 번호를 쓰세요.

> 보기
>
> A 昨天不小心摔了一下。
>
> B 可能已经过了保修期。
>
> C 我想买，但是我最近没钱。
>
> D 当然可以。

① 你想不想买个新手机? (　　　)

② 你的手机怎么了? (　　　)

③ 可以用你的手机帮我拍张照吗? (　　　)

④ 保修期过了吗? (　　　)

7 다음 한국어 문장을 중국어로 번역하세요.

① 날씨가 갑자기 좋아졌다.

⋯⋯▸ _____

② 그는 매일 나를 찾아온다.

⋯⋯▸ _____

③ 우리 밥 먹고 나서 갑시다.

⋯⋯▸ _____

④ 액정이 깨졌습니다. 새로운 액정으로 바꿔야 합니다.

⋯⋯▸ _____

报名 bàomíng 신청하다, 등록하다	报名 bàomíng			
级 jí 등급, 급	级 jí			
分 fēn 점	分 fēn			
进步 jìnbù 진보(하다)	进步 jìnbù			
证书 zhèngshū 증명서, 증서	证书 zhèngshū			
过奖 guòjiǎng 과찬이십니다	过奖 guòjiǎng			
情况 qíngkuàng 상황, 형편	情况 qíngkuàng			
如果 rúguǒ 만일, 만약	如果 rúguǒ			
直接 zhíjiē 직접의, 바로	直接 zhíjiē			
报名费 bàomíng fèi 신청비, 등록비	报名费 bàomíng fèi			

浪费 làngfèi 낭비하다	浪费 làngfèi		
对话 duìhuà 대화	对话 duìhuà		
日常 rìcháng 일상의, 평소의	日常 rìcháng		
基本 jīběn 기본적인, 기본의	基本 jīběn		
会话 huìhuà 회화	会话 huìhuà		
算是 suànshì ~인 셈이다, ~라 할 수 있다	算是 suànshì		
流利 liúlì 유창하다, 막힘이 없다	流利 liúlì		
发音 fāyīn 발음	发音 fāyīn		
口音 kǒuyīn 어조, 말씨	口音 kǒuyīn		
背 bèi 암기하다, 외다	背 bèi		

词汇	词汇		
cíhuì 어휘	cíhuì		
写作	写作		
xiězuò 글을 짓다, 작문	xiězuò		
把握	把握		
bǎwò 장악하다, 파악하다	bǎwò		
至少	至少		
zhìshǎo 최소한, 적어도	zhìshǎo		
备考	备考		
bèikǎo 시험 준비를 하다	bèikǎo		
及格	及格		
jígé 합격하다	jígé		
商量	商量		
shāngliang 상의하다	shāngliang		
买着	买着		
mǎizháo 사 가지다	mǎizháo		
生气	生气		
shēngqì 화내다, 성내다	shēngqì		
语法	语法		
yǔfǎ 어법	yǔfǎ		

MP3 W02-01

1 녹음을 듣고 빈칸을 채워 보세요.

① 恩美早上去报名 ＿＿＿＿＿＿＿ 考试了。

② 恩美上次没好好准备，就差 ＿＿＿＿＿＿＿ 没考过。

③ 恩美希望这次能拿到HSK ＿＿＿＿＿＿＿ 证书。

④ 恩美认为敏浩直接考 ＿＿＿＿＿＿＿ 也没问题。

MP3 W02-02

2 녹음을 듣고 알맞은 답을 고르세요.

① A 报名　　　　　B 不报名　　　　　C 不确定

② A 四级　　　　　B 五级　　　　　　C 六级

③ A 一年半　　　　B 两年　　　　　　C 两年半

④ A 汉字不难　　　B 发音不难　　　　C 发音难

MP3 W02-03

3 녹음을 듣고 내용과 일치하는 문장에는 O, 일치하지 않는 문장에는 X표 하세요.

① (　　　　) 男的想报名HSK考试。

② (　　　　) 女的昨天已经报名了HSK四级。

③ (　　　　) 女的上次通过了HSK四级。

④ (　　　　) 男的觉得女的直接报名五级也没问题。

4 괄호의 단어를 문장의 알맞은 위치에 넣으세요.

① 我去 A 找 B 你，可是 C 你不在 D 。　　　　　　　(过)

② 我想先 A 考五级 B ，然后 C 考六级 D 。　　　　　(再)

③ 这件事 A 与那件事 B 没有 C 的关系 D 。　　　　　(直接)

④ 你 A 不是上个月 B 已经 C 过 D 吗?　　　　　　　(考)

5 아래 단어들을 재배열하여 문장을 완성하세요.

① 的 / 基本会话 / 日常 / 比较 / 生活中 / 流利 / 算是

⋯▶ _____

② 最近 / 大 / 汉语 / 我觉得 / 你 / 进步 / 很

⋯▶ _____

③ 每天 / 一个 / 吃 / 以前 / 他 / 鸡蛋

⋯▶ _____

④ 这次 / 不 / 语法 / 我 / 及格 / 考试

⋯▶ _____

⑤ 刮 / 会 / 大风 / 明天

⋯▶ _____

⑥ 知道 / 他 / 不 / 如果 / 呢

⋯▶ _____

6 다음 예문에 이어질 문장을 보기에서 골라 번호를 쓰세요.

> **보기**
>
> A 我感觉上次的HSK很难。
>
> B 我昨天已经报名了。
>
> C 我觉得汉字真的很难。
>
> D 我最近在准备HSK考试。

① HSK考试你报名了吗? (　　　)

② 你觉得汉字难吗? (　　　)

③ 你最近在忙什么? (　　　)

④ 上次HSK考试难吗? (　　　)

7 다음 한국어 문장을 중국어로 번역하세요.

① 그는 말하는 게 아주 직설적이다.

　⋯▶ _____

② 만약 당신이 지금 시간이 없으면, 내일 다시 와도 돼요.

　⋯▶ _____

③ 우리 먼저 상의하고, 다시 결정합시다.

　⋯▶ _____

④ 나는 6급은 이미 합격했다.

　⋯▶ _____

收拾 shōushi 정리하다, 정돈하다	收拾 shōushi			
带 dài 지니다, 휴대하다	带 dài			
背包 bēibāo 배낭	背包 bēibāo			
送 sòng 배웅하다, 바래다 주다	送 sòng			
联系 liánxì 연락하다	联系 liánxì			
登机手续 dēngjī shǒuxù 탑승 수속	登机手续 dēngjī shǒuxù			
起飞 qǐfēi 이륙하다, 날아오르다	起飞 qǐfēi			
安检 ānjiǎn 안전 검사, 보안 검사	安检 ānjiǎn			
比较 bǐjiào 비교적	比较 bǐjiào			
抽 chōu 꺼내다, 빼내다	抽 chōu			

空 kòng 틈, 짬	空 kòng		
微信 Wēixìn 위챗	微信 Wēixìn		
早日 zǎorì 하루 빨리, 일찍이, 곧	早日 zǎorì		
平安 píng'ān 평안하다, 무사하다	平安 píng'ān		
一下子 yíxiàzi 단시간에, 금새	一下子 yíxiàzi		
过去 guòqù 지나가다	过去 guòqù		
交 jiāo 사귀다, 교제하다	交 jiāo		
遇到 yùdào 만나다, 마주치다	遇到 yùdào		
困难 kùnnan 곤란, 어려움	困难 kùnnan		
共享 gòngxiǎng 공유하다	共享 gòngxiǎng		

分别	分别				
fēnbié 헤어지다, 이별하다	fēnbié				
想念	想念				
xiǎngniàn 그리워하다	xiǎngniàn				
保持	保持				
bǎochí 지키다, 유지하다	bǎochí				
相信	相信				
xiāngxìn 믿다, 신임하다	xiāngxìn				
资料	资料				
zīliào 자료	zīliào				
作品	作品				
zuòpǐn 작품	zuòpǐn				
算	算				
suàn 계산하다	suàn				
提前	提前				
tíqián 앞당기다	tíqián				
好在	好在				
hǎozài 다행히도	hǎozài				
确认	确认				
quèrèn 확인하다	quèrèn				

MP3 W03-01

1 녹음을 듣고 빈칸을 채워 보세요.

① 俊秀今天乘飞机回 _____ 。

② 新华要去学校办点事，不能送俊秀去 _____ 了。

③ 现在是九点十五分，离起飞还有 _____ 小时。

④ 俊秀说一下飞机就给朋友 _____ 。

MP3 W03-02

2 녹음을 듣고 알맞은 답을 고르세요.

① A 明天   B 下周一   C 下周二

② A 护照   B 钱包   C 钥匙

③ A 一个月内   B 一年内   C 半年内

④ A 方便   B 不方便   C 一般

MP3 W03-03

3 녹음을 듣고 내용과 일치하는 문장에는 O, 일치하지 않는 문장에는 X표 하세요.

① (   ) 男的下周一回韩国。

② (   ) 男的有三个行李箱。

③ (   ) 女的打算送男的去机场。

④ (   ) 男的已经收拾好行李了。

4 괄호의 단어를 문장의 알맞은 위치에 넣으세요.

① A 我 B 那本书 C 看完 D 了。 (把)

② 我想 A 想 B ，可是怎么也想 C 不起来 D 。 (了)

③ 一 A 想到下雪 B ，我 C 会想起 D 我的小时候。 (就)

④ A 行李 B 收拾 C 好了 D 吗? (都)

5 아래 단어들을 재배열하여 문장을 완성하세요.

① 遇到 / 大的 / 当时 / 很 / 我们 / 了 / 困难

   ····▶ _____

② 家 / 一 / 就 / 回到 / 他 / 睡觉

   ····▶ _____

③ 他 / 我 / 来问 / 一个 / 了 / 问题

   ····▶ _____

④ 这样 / 怎么 / 能 / 你 / 呢 / 做

   ····▶ _____

⑤ 那本书 / 我想 / 送给 / 把 / 他

   ····▶ _____

⑥ 一下子 / 就 / 一年 / 北京生活 / 过去 / 的 / 了

   ····▶ _____

6 다음 예문에 이어질 문장을 보기에서 골라 번호를 쓰세요.

> 보기
>
> A 那你很早就得起床了。
>
> B 谢谢，我的行李不多，一个人就可以了。
>
> C 放心吧，肯定忘不了。
>
> D 可能很快就会回来。

① 需要我帮你一起收拾行李吗? (　　　)

② 我的飞机是早上八点半的。(　　　)

③ 这次回去了什么时候还来中国? (　　　)

④ 到了韩国可别把我忘了。(　　　)

7 다음 한국어 문장을 중국어로 번역하세요.

① 우리 앞으로 자주 연락하자!

⋯▶ _____

② 우리 밥 먹고 얘기합시다.

⋯▶ _____

③ 나는 긴장하면 말이 나오지 않는다.

⋯▶ _____

④ 난 우리가 꼭 다시 만날 기회가 있을 거라고 믿는다.

⋯▶ _____

可怜 kělián 불쌍하다	可怜 kělián			
西红柿 xīhóngshì 토마토	西红柿 xīhóngshì			
炒 chǎo 볶다	炒 chǎo			
马上 mǎshàng 곧, 즉시	马上 mǎshàng			
正好 zhènghǎo 마침, 때마침	正好 zhènghǎo			
教 jiāo 가르치다	教 jiāo			
简单 jiǎndān 간단하다, 단순하다	简单 jiǎndān			
材料 cáiliào 재료	材料 cáiliào			
看起来 kànqǐlái 보아하니, 보기에	看起来 kànqǐlái			
尝 cháng 맛보다	尝 cháng			

味道 wèidao 맛	味道 wèidao		
道 dào 요리를 세는 단위	道 dào		
家常菜 jiāchángcài 일상 가정 요리, 가정식	家常菜 jiāchángcài		
拍黄瓜 pāihuángguā 중국 오이 무침	拍黄瓜 pāihuángguā		
打散 dǎsǎn 흩뜨리다	打散 dǎsǎn		
切 qiē 자르다, 썰다	切 qiē		
块 kuài 덩어리, 조각	块 kuài		
开火 kāihuǒ 불을 켜다	开火 kāihuǒ		
热锅 rè guō 팬을 달구다	热锅 rè guō		
倒 dào 따르다, 붓다	倒 dào		

油 yóu 기름	油 yóu			
接着 jiēzhe 잇따라, 연이어, 이어서	接着 jiēzhe			
放 fàng 넣다, 타다	放 fàng			
熟 shú (음식이) 익다	熟 shú			
刚才 gāngcái 지금 막, 방금 (전)	刚才 gāngcái			
加 jiā 더하다, 보태다	加 jiā			
少量 shǎoliàng 소량	少量 shǎoliàng			
调和 tiáohé (배합이) 알맞다, 어울리다	调和 tiáohé			
酸 suān 시다	酸 suān			
怪 guài 이상하다	怪 guài			

UNIT 04 연습 문제

MP3 W04-01

1 녹음을 듣고 빈칸을 채워 보세요.

① 秀珍从 _____ 到现在一直都没吃东西。

② 秀珍经常在 _____ 吃西红柿炒鸡蛋。

③ 秀珍觉得晶晶做的菜比食堂的 _____ 多了。

④ 秀珍下次想学怎么做 _____ 。

MP3 W04-02

2 녹음을 듣고 알맞은 답을 고르세요.

① A 很难　　　　　　B 很简单　　　　　　C 有趣

② A 运动　　　　　　B 买材料　　　　　　C 见朋友

③ A 有点儿贵　　　　B 不好吃　　　　　　C 不贵

④ A 男的　　　　　　B 女的　　　　　　　C 一起

MP3 W04-03

3 녹음을 듣고 내용과 일치하는 문장에는 O, 일치하지 않는 문장에는 X표 하세요.

① (　　　　) 男的晚上想去食堂吃饭。

② (　　　　) 女的晚上打算自己做饭。

③ (　　　　) 男的想吃西红柿炒鸡蛋。

④ (　　　　) 西红柿炒鸡蛋很难。

4 괄호의 단어를 문장의 알맞은 위치에 넣으세요.

① A 我的 B 钱包 C 偷了 D 。　　　　　　　　(被)

② 我 A 突然想 B 他 C 的名字 D 了。　　　　　(起来)

③ 我感觉 A 我的汉语 B 以前 C 好多了 D 。　　(比)

④ 她 A 觉得 B 自己很 C 唱歌 D 。　　　　　　(会)

5 아래 단어들을 재배열하여 문장을 완성하세요.

① 刚 / 办公室 / 我 / 回来 / 从

⋯▸ _____

② 云朵 / 风 / 吹 / 正在 / 散

⋯▸ _____

③ 起来 / 听 / 怪怪 / 的 / 他 / 名字 / 的

⋯▸ _____

④ 我 / 正好 / 女儿 / 二十 / 今年 / 岁

⋯▸ _____

⑤ 西红柿 / 我 / 做 / 炒 / 鸡蛋 / 正要 / 呢

⋯▸ _____

⑥ 教你 / 我 / 今天 / 怎么 / 西红柿炒鸡蛋 / 做 / 吧

⋯▸ _____

6 다음 예문에 이어질 문장을 보기에서 골라 번호를 쓰세요.

> 보기
>
> A 太简单了，我当然会。
> B 你可以学几道菜自己做呀。
> C 我想在家做饭。
> D 没问题，你想学什么?

① 今晚怎么吃饭? (   )

② 可以教我做个家常菜吗? (   )

③ 回韩国后就吃不到好吃的中国菜了。(   )

④ 你会做西红柿炒鸡蛋吗? (   )

7 다음 한국어 문장을 중국어로 번역하세요.

① 너는 딱 맞게 왔다.

┅┅▸ _____

② 재료가 다 준비되었습니다.

┅┅▸ _____

③ 너 병 낫다며, 지금은 많이 좋아졌지?

┅┅▸ _____

④ 어떻게 하면 그 두 사람을 갈라놓을 수 있을까요?

┅┅▸ _____

浑身 húnshēn 온몸, 전신	浑身 húnshēn				
劲(儿) jìn(r) 힘, 기운	劲(儿) jìn(r)				
夜里 yèli 밤, 밤중	夜里 yèli				
国庆节 Guóqìngjié 건국 기념일	国庆节 Guóqìngjié				
假期 jiàqī 휴가 기간	假期 jiàqī				
味(儿) wèi(r) 냄새	味(儿) wèi(r)				
头发 tóufa 머리카락, 두발	头发 tóufa				
臭 chòu (냄새가) 지독하다, 역겹다	臭 chòu				
脏 zāng 더럽다, 불결하다	脏 zāng				
屋子 wūzi 방, 집	屋子 wūzi				

屋里 wūli 방안, 실내	屋里 wūli		
乱 luàn 어지럽다, 무질서하다	乱 luàn		
整个 zhěnggè 전체(의), 전부(의), 온	整个 zhěnggè		
扫地 sǎodì 바닥을 쓸다	扫地 sǎodì		
拖地 tuōdì 바닥을 걸레질하다	拖地 tuōdì		
清洁 qīngjié 청결하다, 깨끗하다	清洁 qīngjié		
马桶 mǎtǒng 변기	马桶 mǎtǒng		
老公 lǎogōng 남편	老公 lǎogōng		
加班 jiābān 초과 근무하다	加班 jiābān		
宅 zhái 집에 틀어박혀 있다	宅 zhái		

卫生	卫生			
wèishēng 위생적이다	wèishēng			
眼睛	眼睛			
yǎnjing 눈	yǎnjing			
胃	胃			
wèi 위	wèi			
重要	重要			
zhòngyào 중요하다	zhòngyào			
抓	抓			
zhuā 잡다	zhuā			
停	停			
tíng 멈추다	tíng			
会议	会议			
huìyì 회의	huìyì			
讨论	讨论			
tǎolùn 토론하다	tǎolùn			
处理	处理			
chǔlǐ 처리하다	chǔlǐ			
购买	购买			
gòumǎi 구매하다	gòumǎi			

MP3 W05-01

1 녹음을 듣고 빈칸을 채워 보세요.

① 妈妈让儿子快点 ＿＿＿＿＿＿ 。

② 儿子最近玩 ＿＿＿＿＿＿ 到很晚才睡觉。

③ 妈妈说儿子的 ＿＿＿＿＿＿ 很臭。

④ 妈妈让儿子先去 ＿＿＿＿＿＿ 再打扫屋子。

MP3 W05-02

2 녹음을 듣고 알맞은 답을 고르세요.

① A 休息　　　　　　B 购物　　　　　　C 旅游

② A 一天　　　　　　B 两天　　　　　　C 三天

③ A 学中文　　　　　B 玩游戏　　　　　C 看电视

④ A 购物　　　　　　B 去见朋友　　　　C 打扫卫生

MP3 W05-03

3 녹음을 듣고 내용과 일치하는 문장에는 O, 일치하지 않는 문장에는 X표 하세요.

① (　　　) 男的正在看电影。

② (　　　) 女的正在打扫卫生。

③ (　　　) 女的明天下午要去购物。

④ (　　　) 女的下午要在家玩儿。

4 괄호의 단어를 문장의 알맞은 위치에 넣으세요.

① 这么 A 热的时候 B 爬 C 山哪 D ！　　　　　　　　(什么)

② 我 A 最近一直 B 胃不舒服，可能是喝 C 酒喝 D 。　(的)

③ A 你放心 B ，我 C 抓 D 了。　　　　　　　　　　(住)

④ A 他们 B 家 C 一个 D 儿子。　　　　　　　　　　(就)

5 아래 단어들을 재배열하여 문장을 완성하세요.

① 洗 / 吃完 / 饭 / 我 / 不想 / 碗

⋯▶ _____

② 处理 / 这次 / 了 / 会议讨论 / 此方面的 / 并 / 问题

⋯▶ _____

③ 是 / 你 / 看 / 他的 / 什么时候

⋯▶ _____

④ 学 / 他 / 就 / 一个 / 了 / 星期

⋯▶ _____

⑤ 说 / 不 / 他 / 我都 / 听 / 什么 / 懂

⋯▶ _____

⑥ 我 / 着 / 在家 / 觉得 / 挺好 / 假期 / 呆 / 也 / 的

⋯▶ _____

6 다음 예문에 이어질 문장을 보기에서 골라 번호를 쓰세요.

> 보기
>
> A 我八点就起来了。
>
> B 好啊，我也想去看电影。
>
> C 已经十点了吗?
>
> D 我有点累，明天想在家休息。

① 明天来我家玩吧。(   )

② 都十点了，你怎么还在睡觉!(   )

③ 我晚上想去看电影，你去吗?(   )

④ 你今天几点起床的?(   )

7 다음 한국어 문장을 중국어로 번역하세요.

① 웃긴 뭘 웃어요!

   ···▶ _____

② 엘리베이터가 왜 갑자기 멈추나요?

   ···▶ _____

③ 나는 상하이만 가 봤다.

   ···▶ _____

④ 나는 막 샤워를 마쳤다.

   ···▶ _____

韩剧 hánjù 한국 드라마	韩剧 hánjù			
追 zhuī 쫓다, 추구하다	追 zhuī			
灰姑娘 Huīgūniang 신데렐라	灰姑娘 Huīgūniang			
系列 xìliè 계열, 시리즈	系列 xìliè			
王子 wángzǐ 왕자	王子 wángzǐ			
公主 gōngzhǔ 공주	公主 gōngzhǔ			
爱情 àiqíng (주로 남녀 간의) 애정	爱情 àiqíng			
故事 gùshi 줄거리, 이야기	故事 gùshi			
压力 yālì 스트레스, 압력	压力 yālì			
放松 fàngsōng (정신적 긴장을) 풀다	放松 fàngsōng			

主角 zhǔjué 주연, 주역	主角 zhǔjué		
般配 bānpèi 어울리다, 짝이 맞다	般配 bānpèi		
演技 yǎnjì 연기	演技 yǎnjì		
难怪 nánguài 어쩐지, 그러길래	难怪 nánguài		
自然 zìran 자연스럽다, 꾸밈이 없다	自然 zìran		
本色 běnsè 본성, 본질	本色 běnsè		
出演 chūyǎn 출연하다	出演 chūyǎn		
值得 zhíde ~할 만한 가치가 있다	值得 zhíde		
甜蜜 tiánmì 즐겁다, 행복하다	甜蜜 tiánmì		
赶紧 gǎnjǐn 재빨리, 서둘러	赶紧 gǎnjǐn		

拍	拍			
pāi 촬영하다	pāi			
唯美	唯美			
wéiměi 감미롭다	wéiměi			
比如	比如			
bǐrú 예컨대, 가령	bǐrú			
经典	经典			
jīngdiǎn 고전, 대표적인	jīngdiǎn			
浪漫	浪漫			
làngmàn 로맨틱하다	làngmàn			
炸鸡	炸鸡			
zhájī 치킨, 통닭	zhájī			
啤酒	啤酒			
píjiǔ 맥주	píjiǔ			
阴天	阴天			
yīntiān 흐린 날	yīntiān			
老板	老板			
lǎobǎn 사장	lǎobǎn			
夫妻	夫妻			
fūqī 부부	fūqī			

MP3 W06-01

1 녹음을 듣고 빈칸을 채워 보세요.

① 吴希超级爱看 _____ 。

② 静敏觉得韩剧就是灰姑娘系列，没 _____ 。

③ 晶晶觉得压力大了看韩剧可以 _____ 。

④ 晶晶觉得那部韩剧的男女主角特别 _____ 。

MP3 W06-02

2 녹음을 듣고 알맞은 답을 고르세요.

① A 男主角　　　　B 女主角　　　　C 男女主角

② A 浪费时间　　　B 可以放松　　　C 有意思

③ A 工作忙　　　　B 不忙　　　　　C 在看韩剧

④ A 购物　　　　　B 运动　　　　　C 看韩剧

MP3 W06-03

3 녹음을 듣고 내용과 일치하는 문장에는 O, 일치하지 않는 문장에는 X표 하세요.

① (　　　) 女的周末喜欢看电影。

② (　　　) 男的周末喜欢打球或休息。

③ (　　　) 男的妈妈也喜欢看韩剧。

④ (　　　) 女的下次想去看男的打球。

4　괄호의 단어를 문장의 알맞은 위치에 넣으세요.

① 我 A 老公晚上 B 看电视，C 就是 D 看书。　　　　　(不是)

② 他刚才在 A 图书馆来 B ，现在怎么 C 在 D 这里啊? (着)

③ A 学一门 B 外语，花 C 一年的时间也是 D 的。　　　(值得)

④ 他 A 看起来有点 B 笨，C 但其实 D 很聪明。　　　　(却)

5　아래 단어들을 재배열하여 문장을 완성하세요.

① 追 / 每天 / 一下 / 我 / 都 / 会 / 有空 / 剧

　⋯▸ _____

② 问 / 我 / 过 / 几 / 已经 / 好 / 回

　⋯▸ _____

③ 来 / 怎么 / 妈妈 / 我忘 / 泡菜 / 了 / 做 / 着

　⋯▸ _____

④ 似 / 高兴 / 的 / 她 / 特别

　⋯▸ _____

⑤ 值得 / 看 / 这 / 遍 / 本 / 一 / 书

　⋯▸ _____

⑥ 帮 / 一下 / 请 / 看 / 我

　⋯▸ _____

6 다음 예문에 이어질 문장을 보기에서 골라 번호를 쓰세요.

> **보기**
>
> A 我觉得我越来越想去韩国了。
> B 是啊，这部韩剧拍得真好！
> C 是啊，看韩剧真的很放松！
> D 最近大家都在看《太阳的后裔》。

① 最近有什么好看的韩剧吗？（　　　）

②《太阳的后裔》真好看，周围的朋友都在看。（　　　）

③ 看了韩剧，你想去韩国吗？（　　　）

④ 最近太累了，我想看看韩剧。（　　　）

7 다음 한국어 문장을 중국어로 번역하세요.

① 비록 삼 년 동안 중국어를 공부했지만, 발음이 아직도 부정확하다.

⋯⋯▶ _____

② 어쩐지 그가 이렇게 기뻐하더라니, 오늘이 그의 생일이었다.

⋯⋯▶ _____

③ 그렇게 듣기 좋아요? 그럼 나도 들어볼래요.

⋯⋯▶ _____

④ 나는 여름 방학에 칭다오에 한 번 갔다 올 계획이다.

⋯⋯▶ _____

过 guò 지내다, 보내다	过 guò				
计划 jìhuà 계획	计划 jìhuà				
读 dú 학교에 가다	读 dú				
研究生 yánjiūshēng 대학원생	研究生 yánjiūshēng				
考研 kǎoyán 대학원에 응시하다	考研 kǎoyán				
成绩 chéngjì 성적, 성과	成绩 chéngjì				
容易 róngyì ～하기 쉽다	容易 róngyì				
留 liú 머무르다, 묵다	留 liú				
不如 bùrú ～만 못하다, ～하는 편이 낫다	不如 bùrú				
不管 bùguǎn ～을 막론하고, ～든지 간에	不管 bùguǎn				

竞争 jìngzhēng 경쟁	竞争 jìngzhēng		
激烈 jīliè 격렬하다, 치열하다	激烈 jīliè		
当 dāng ~가 되다	当 dāng		
科学家 kēxuéjiā 과학자	科学家 kēxuéjiā		
本科 běnkē 학부, (학교의) 본과	本科 běnkē		
报 bào 신청하다, 지원하다	报 bào		
生物学 shēngwùxué 생물학	生物学 shēngwùxué		
适合 shìhé 알맞다, 적합하다	适合 shìhé		
研究 yánjiū 연구	研究 yánjiū		
投简历 tóu jiǎnlì 이력서를 넣다	投简历 tóu jiǎnlì		

岗位 gǎngwèi 직장, 근무처	岗位 gǎngwèi			
要求 yāoqiú 요구하다	要求 yāoqiú			
学历 xuélì 학력	学历 xuélì			
符合 fúhé 부합하다, 맞다, 일치하다	符合 fúhé			
总算 zǒngsuàn 마침내, 드디어, 겨우	总算 zǒngsuàn			
实习 shíxí 실습, 인턴	实习 shíxí			
单位 dānwèi 부서	单位 dānwèi			
工资 gōngzī 임금, 노임	工资 gōngzī			
跟着 gēnzhe (뒤)따르다	跟着 gēnzhe			
实现 shíxiàn 실현되다	实现 shíxiàn			

MP3 W07-01

1 녹음을 듣고 빈칸을 채워 보세요.

① 吴希打算从下个学期开始复习 ＿＿＿＿＿＿ 。

② 大伟觉得北京 ＿＿＿＿＿＿ 太大，不如去别的城市。

③ 吴希觉得现在 ＿＿＿＿＿＿ 那么激烈，能找到一份工作已经很不错了。

④ 大伟希望自己能找到一份 ＿＿＿＿＿＿ 的工作。

MP3 W07-02

2 녹음을 듣고 알맞은 답을 고르세요.

① A 考研　　　　　B 直接工作　　　　C 休息

② A 工作　　　　　B 读研　　　　　　C 不确定

③ A 北京　　　　　B 小城市　　　　　C 上海

④ A 不累的　　　　B 有趣的　　　　　C 工资高的

MP3 W07-03

3 녹음을 듣고 내용과 일치하는 문장에는 O, 일치하지 않는 문장에는 X표 하세요.

① (　　　　) 女的计划考研。

② (　　　　) 女的计划直接工作。

③ (　　　　) 女的想找一份工资高的工作。

④ (　　　　) 女的想找一份有趣的工作。

4 괄호의 단어를 문장의 알맞은 위치에 넣으세요.

① A 不管遇到 B 什么困难，我们 C 要 D 克服。　　　　　　(都)

② 现在 A 是晚高峰，B 路上特别堵，C 坐地铁去 D 吧。　　(要么)

③ A 还是 B 明天再去，C 今天可能 D 没有人。　　　　　　(最好)

④ 如果 A 你先试试 B，我们也跟 C 着你做 D 。　　　　　(看)

5 아래 단어들을 재배열하여 문장을 완성하세요.

① 怎么 / 你 / 问问他 / 最好 / 去 / 想

   ···▶ _____

② 饭馆 / 不如 / 在家 / 在这家 / 自己 / 与其 / 吃 / 做

   ···▶ _____

③ 喜欢 / 你是 / 坏人 / 不管 / 我都 / 好人 / 你

   ···▶ _____

④ 件 / 你 / 适合 / 这 / 的 / 衣服 / 体形

   ···▶ _____

⑤ 总算 / 会 / 我 / 了 / 坚持 / 学

   ···▶ _____

⑥ 过 / 这个 / 一半 / 已经 / 了 / 了 / 学期

   ···▶ _____

6 다음 예문에 이어질 문장을 보기에서 골라 번호를 쓰세요.

> **보기**
>
> A 是啊，能找到一份好工作真不容易。
> B 当然了，我觉得你适合读研。
> C 你不是已经准备了一年吗？
> D 毕业后我打算留在北京工作。

① 快毕业了，你有什么打算？(   )

② 我不想考研了。(   )

③ 你觉得我适合读研吗？(   )

④ 现在就业压力好大哦！(   )

7 다음 한국어 문장을 중국어로 번역하세요.

① 그녀의 꿈은 결국 실현되었다.

   ···▶ _____

② 자기가 무엇을 하기에 적합한지 어떻게 알 수 있나요?

   ···▶ _____

③ 오늘 가느니, 내일 가는 게 낫다. (与其…, 不如… 사용)

   ···▶ _____

④ 다른 사람에게 물어볼 필요 없어요, 내가 찾아볼게요. (동사 중첩 사용)

   ···▶ _____

薄 báo 얇다	薄 báo				
厚 hòu 두껍다	厚 hòu				
大小 dàxiǎo 크기	大小 dàxiǎo				
确实 quèshí 확실히, 정말로	确实 quèshí				
长胖 zhǎngpàng 살찌다	长胖 zhǎngpàng				
胖 pàng 뚱뚱하다	胖 pàng				
身材 shēncái 몸매, 체격	身材 shēncái				
减肥 jiǎnféi 다이어트하다	减肥 jiǎnféi				
健康 jiànkāng 건강	健康 jiànkāng				
营养 yíngyǎng 영양, 양분	营养 yíngyǎng				

均衡 jūnhéng 고르다, 균형이 잡히다	均衡 jūnhéng				
操场 cāochǎng 운동장	操场 cāochǎng				
圈 quān 바퀴	圈 quān				
打鱼 dǎ yú 물고기를 잡다	打鱼 dǎ yú				
晒网 shài wǎng 그물을 말리다	晒网 shài wǎng				
个儿 gèr 키, 크기	个儿 gèr				
体重 tǐzhòng 체중	体重 tǐzhòng				
米 mǐ 미터	米 mǐ				
瘦 shòu 마르다	瘦 shòu				
好不容易 hǎoburóngyi 겨우, 간신히	好不容易 hǎoburóngyi				

偏 偏				
piān ~한 축에 속하다	piān			
理解 理解				
lǐjiě 이해하다	lǐjiě			
过分 过分				
guòfèn 지나치다	guòfèn			
普通 普通				
pǔtōng 평범하다	pǔtōng			
满足 满足				
mǎnzú 만족시키다	mǎnzú			
真正 真正				
zhēnzhèng 진정한	zhēnzhèng			
英雄 英雄				
yīngxióng 영웅	yīngxióng			
淘气 淘气				
táoqì 장난기가 많다	táoqì			
姑娘 姑娘				
gūniang 아가씨	gūniang			
温度 温度				
wēndù 온도	wēndù			

MP3 W08-01

1 녹음을 듣고 빈칸을 채워 보세요.

① 秀珍去年买的牛仔裤现在很 _____ 。

② 秀珍觉得自己长胖了，想 _____ 。

③ 晶晶觉得秀珍以前太瘦了，现在身材 _____ 。

④ 从今天起晶晶要陪秀珍一起去 _____ 跑步。

MP3 W08-02

2 녹음을 듣고 알맞은 답을 고르세요.

① A 减肥　　　　　　B 休息　　　　　　C 运动

② A 锻炼身体　　　　B 减肥　　　　　　C 放松

③ A 工作压力大　　　B 减肥　　　　　　C 没吃饭

④ A 身材　　　　　　B 健康　　　　　　C 营养

MP3 W08-03

3 녹음을 듣고 내용과 일치하는 문장에는 O, 일치하지 않는 문장에는 X표 하세요.

① (　　　) 男的想减肥。

② (　　　) 女的去年的衣服都穿不上了。

③ (　　　) 女的要和男的一起跑步。

④ (　　　) 女的和男的明天六点见。

4 괄호의 단어를 문장의 알맞은 위치에 넣으세요.

① 我女儿 A 很会包饺子，B 她包的一个 C 一个好看 D 。　　(比)

② A 他 B 是个 C 真正的 D 英雄。　　　　　　　　　　　(才)

③ 脸 A 最近瘦 B 了，还 C 能胖 D 吗?　　　　　　　　　(回来)

④ 从 A 北京到上海 B 可以坐火车，C 坐飞机也 D 行。　　(要不)

5 아래 단어들을 재배열하여 문장을 완성하세요.

① 还是 / 派下来的 / 期待 / 我们 / 对 / 上面 / 很 / 人 / 的

⋯▶ ＿＿＿＿＿＿＿＿＿＿＿＿＿＿＿＿＿＿＿＿＿＿＿

② 我 / 好不容易 / 你不 / 了 / 找到 / 这本书 / 知道

⋯▶ ＿＿＿＿＿＿＿＿＿＿＿＿＿＿＿＿＿＿＿＿＿＿＿

③ 个 / 既 / 又 / 漂亮 / 聪明 / 她 / 的 / 姑娘 / 是

⋯▶ ＿＿＿＿＿＿＿＿＿＿＿＿＿＿＿＿＿＿＿＿＿＿＿

④ 满足 / 的 / 这样 / 老师 / 做 / 才 / 要求 / 能

⋯▶ ＿＿＿＿＿＿＿＿＿＿＿＿＿＿＿＿＿＿＿＿＿＿＿

⑤ 哪里 / 书 / 一个 / 能 / 孩子 / 这么 / 八岁的 / 看懂 / 难的 / 呢

⋯▶ ＿＿＿＿＿＿＿＿＿＿＿＿＿＿＿＿＿＿＿＿＿＿＿

⑥ 一天 / 客人 / 店里 / 一天 / 来的 / 多 / 了 / 比

⋯▶ ＿＿＿＿＿＿＿＿＿＿＿＿＿＿＿＿＿＿＿＿＿＿＿

6 다음 예문에 이어질 문장을 보기에서 골라 번호를 쓰세요.

> **보기**
>
> A 谢谢，我也觉得现在正好。
>
> B 对，健康才是最重要的。
>
> C 你也看出来我胖了？我得减肥了。
>
> D 好啊，我也正想去跑步呢。

① 你是不是胖了？（　　　）

② 明天咱们一起去操场跑步吧！（　　　）

③ 你以前太瘦了，现在身材正好。（　　　）

④ 减肥重要，但是健康更重要。（　　　）

7 다음 한국어 문장을 중국어로 번역하세요.

① 예전에는 너무 말랐었고, 지금 몸매가 딱 좋아.

　⋯⋯▶ _____

② 나는 날이 갈수록 더 당신을 사랑해요.

　⋯⋯▶ _____

③ 그녀가 어디가 예뻐요?

　⋯⋯▶ _____

④ 어렵게 베이징에 왔는데, 며칠 더 있다 가세요!

　⋯⋯▶ _____

住院 zhùyuàn 입원하다	住院 zhùyuàn				
好 hǎo 아주, 매우, 꽤	好 hǎo				
实在 shízài 정말, 확실히	实在 shízài				
受不了 shòubuliǎo 참을 수 없다	受不了 shòubuliǎo				
急性 jíxìng 급성의	急性 jíxìng				
肝炎 gānyán 간염	肝炎 gānyán				
治疗 zhìliáo 치료하다	治疗 zhìliáo				
清楚 qīngchu 분명하다, 명백하다	清楚 qīngchu				
海鲜 hǎixiān 해(산)물	海鲜 hǎixiān				
得 dé 얻다, (병을) 앓다	得 dé				

难受 nánshòu 괴롭다	难受 nánshòu
吐 tù 구토하다	吐 tù
酸疼 suānténg 시큰시큰 쑤시고 아프다	酸疼 suānténg
趁机会 chèn jīhuì 기회를 틈타	趁机会 chèn jīhuì
一开始 yìkāishǐ 처음에는	一开始 yìkāishǐ
胃炎 wèiyán 위염	胃炎 wèiyán
好转 hǎozhuǎn 호전(되다)	好转 hǎozhuǎn
检查 jiǎnchá 검사하다	检查 jiǎnchá
当时 dāngshí 당시에	当时 dāngshí
大排档 dàpáidàng 노점	大排档 dàpáidàng

严重 yánzhòng 심각하다	严重 yánzhòng			
后悔 hòuhuǐ 후회하다	后悔 hòuhuǐ			
绝对 juéduì 절대로, 반드시	绝对 juéduì			
安心 ānxīn 안심하다	安心 ānxīn			
挂念 guàniàn 괘념하다, 염려하다	挂念 guàniàn			
完全 wánquán 완전히	完全 wánquán			
根本 gēnběn 근본적으로	根本 gēnběn			
仍然 réngrán 여전히	仍然 réngrán			
穷 qióng 가난하다	穷 qióng			
苦 kǔ 고생스럽다	苦 kǔ			

MP3 W09-01

1 녹음을 듣고 빈칸을 채워 보세요.

① 李娜最近一直很不舒服，医生说是 ＿＿＿＿＿＿＿＿ 。

② 李娜觉得可能是两周前吃的 ＿＿＿＿＿＿＿＿ 有问题。

③ 李娜一个星期都不能吃饭，一吃就 ＿＿＿＿＿＿＿＿ 。

④ 李娜太累了，需要好好 ＿＿＿＿＿＿＿＿ 一下。

MP3 W09-02

2 녹음을 듣고 알맞은 답을 고르세요.

① A 去医院 B 休息 C 运动

② A 一天 B 两天 C 三天

③ A 吃的东西有问题 B 太累了 C 感冒了

④ A 多喝水 B 太累 C 多休息

MP3 W09-03

3 녹음을 듣고 내용과 일치하는 문장에는 O, 일치하지 않는 문장에는 X표 하세요.

① ( ) 男的从昨天开始就特别不舒服。

② ( ) 男的想自己去医院检查。

③ ( ) 男的和女的是好朋友。

④ ( ) 女的要和男的一起去医院检查。

4 괄호의 단어를 문장의 알맞은 위치에 넣으세요.

① A 这是 B 怎么 C 事 D 啊?　　　　　　　　　　(回)

② 我肚子 A 很疼 B , 好像吃 C 什么 D 了。　　　　(错)

③ 现在 A 谁都不相信他 B , 连 C 他儿子 D 不信。(都)

④ A 苦再累 B 也 C 要 D 坚持。　　　　　　　　　(再)

5 아래 단어들을 재배열하여 문장을 완성하세요.

① 不 / 我妈妈 / 这件事 / 都 / 知道 / 连

　···▶ _____

② 今天 / 会 / 他 / 不 / 可能 / 来

　···▶ _____

③ 唱歌 / 很 / 他 / 唱 / 不错 / 得

　···▶ _____

④ 看 / 水 / 你 / 快要 / 好好儿 / 了 / 开 / 着

　···▶ _____

⑤ 是 / 你 / 这 / 应该 / 客气 / 不用 / 的

　···▶ _____

⑥ 要 / 也 / 工作 / 忙 / 注意 / 身体 / 再 / 啊

　···▶ _____

6 다음 예문에 이어질 문장을 보기에서 골라 번호를 쓰세요.

> 보기
>
> A 对，我感冒了。
>
> B 我还没去医院，你可以陪我一起去吗？
>
> C 最近真的很累，一直没好好休息。
>
> D 医生说我是急性肝炎，得住院治疗。

① 你去医院了吗？（　　　　）

② 你是不是感冒了？（　　　　）

③ 医生是怎么说的？（　　　　）

④ 你最近是不是太累了？（　　　　）

7 다음 한국어 문장을 중국어로 번역하세요.

① 그는 아주 가난해서, 차표 한 장 살 돈도 없다.

····▶ _____

② 이건 품질이 아주 좋아요, 아무리 비싸도 살 만해요.

····▶ _____

③ 불가능해요, 이건 근본적으로 불가능한 일이에요.

····▶ _____

④ 배가 많이 아파요, 뭘 잘못 먹었나 봐요.

····▶ _____

闷 mēn 답답하다, 갑갑하다	闷 mēn				
雾霾 wùmái (초)미세먼지	雾霾 wùmái				
改天 gǎitiān 다른 날, 후일	改天 gǎitiān				
天空 tiānkōng 하늘, 공중	天空 tiānkōng				
灰蒙蒙 huīméngméng 뿌옇다	灰蒙蒙 huīméngméng				
靠谱 kàopǔ 믿을 수 있다	靠谱 kàopǔ				
尽量 jǐnliàng 가능한 한, 되도록	尽量 jǐnliàng				
减少 jiǎnshǎo 줄(이)다	减少 jiǎnshǎo				
出门 chūmén 외출하다	出门 chūmén				
光 guāng 단지, 오직	光 guāng				

室外 shìwài 실외	室外 shìwài			
环境 huánjìng 환경	环境 huánjìng			
污染 wūrǎn 오염	污染 wūrǎn			
干净 gānjìng 깨끗하다	干净 gānjìng			
难得 nándé 얻기 어렵다	难得 nándé			
沙尘暴 shāchénbào 황사, 모래 바람	沙尘暴 shāchénbào			
并且 bìngqiě 더욱이, 그 위에	并且 bìngqiě			
四季 sìjì 사계	四季 sìjì			
必须 bìxū 반드시 ~해야 한다	必须 bìxū			
口罩 kǒuzhào 마스크	口罩 kǒuzhào			

彻底 chèdǐ 철저히, 투철히	彻底 chèdǐ			
盼望 pànwàng 간절히 바라다	盼望 pànwàng			
怀念 huáiniàn 그리워하다	怀念 huáiniàn			
小时候 xiǎoshíhou 어릴 때	小时候 xiǎoshíhou			
冷静 lěngjìng 냉정하다	冷静 lěngjìng			
观点 guāndiǎn 관점	观点 guāndiǎn			
讨厌 tǎoyàn 싫어하다	讨厌 tǎoyàn			
分手 fēnshǒu 헤어지다	分手 fēnshǒu			
谦虚 qiānxū 겸손하다	谦虚 qiānxū			
内容 nèiróng 내용	内容 nèiróng			

MP3 W10-01

1 녹음을 듣고 빈칸을 채워 보세요.

① 妻子和丈夫这几天一直在 _____ 呆着。

② 最近空气很糟糕，外面的雾霾很 _____ 。

③ 丈夫觉得雾霾天还是尽量减少 _____ 。

④ 妻子觉得天气预报不太 _____ 。

MP3 W10-02

2 녹음을 듣고 알맞은 답을 고르세요.

① A 严重　　　　　B 不严重　　　　C 没有

② A 靠谱　　　　　B 不靠谱　　　　C 一般

③ A 想　　　　　　B 不确定　　　　C 不想

④ A 有雾霾　　　　B 会变好　　　　C 不确定

MP3 W10-03

3 녹음을 듣고 내용과 일치하는 문장에는 O, 일치하지 않는 문장에는 X표 하세요.

① (　　　) 男的在北京。

② (　　　) 最近女的那里雾霾很严重。

③ (　　　) 男的怀念小时候。

④ (　　　) 女的不怀念小时候。

4 괄호의 단어를 문장의 알맞은 위치에 넣으세요.

① A 我在努力 B 让自己 C 冷静下来 D 。　　　　　　(尽量)

② A 我讨厌 B 他，他是 C 说不做的 D 人。　　　　　(光)

③ 我跟她 A 分手 B 了，C 心里很 D 过。　　　　　　(难)

④ A 小李 B 学习用功，C 还很谦虚 D 。　　　　　　(并且)

5 아래 단어들을 재배열하여 문장을 완성하세요.

① 还是 / 出门 / 雾霾天 / 减少 / 吧 / 尽量

⋯▸ _____

② 空气 / 越来越 / 最近 / 污染 / 严重

⋯▸ _____

③ 什么 / 散 / 每天 / 散步 / 有 / 好处

⋯▸ _____

④ 一起 / 改天 / 再 / 吃饭 / 我们

⋯▸ _____

⑤ 难 / 很 / 最近 / 找 / 工作

⋯▸ _____

⑥ 做得 / 特别 / 会 / 做饭 / 好 / 并且 / 他

⋯▸ _____

6 다음 예문에 이어질 문장을 보기에서 골라 번호를 쓰세요.

> 보기
>
> A 能把雾霾吹散就好了。
> B 为什么?
> C 我们这里空气还可以。
> D 那我们得出去玩呀。

① 今天是难得的好天气。(　　　)

② 你们那里空气怎么样?(　　　)

③ 我今天不想出门了。(　　　)

④ 天气预报说晚上会刮大风。(　　　)

7 다음 한국어 문장을 중국어로 번역하세요.

① 이 요리는 너무 맛없다.

····▶ _____

② 우리 먼저 좀 쉽시다. (동사 중첩 사용)

····▶ _____

③ 우리는 최대한 많이 청소한다.

····▶ _____

④ 어릴 적 푸르른 하늘이 정말 그립다.

····▶ _____

提 tí 말을 꺼내다	提 tí				
领导 lǐngdǎo 상사	领导 lǐngdǎo				
赶上 gǎnshàng 마침 부딪치다	赶上 gǎnshàng				
非得 fēiděi ~하지 않으면 안 된다	非得 fēiděi				
路边 lùbiān 길옆	路边 lùbiān				
干等 gānděng 하염없이 기다린다	干等 gānděng				
抱歉 bàoqiàn 미안하게 생각하다	抱歉 bàoqiàn				
粗心 cūxīn 세심하지 못하다	粗心 cūxīn				
公务员 gōngwùyuán 공무원	公务员 gōngwùyuán				
准时 zhǔnshí 정시에	准时 zhǔnshí				

而	而			
ér 그러나, 그리고	ér			
私企	私企			
sīqǐ 사기업	sīqǐ			
固定	固定			
gùdìng 일정한	gùdìng			
约会	约会			
yuēhuì 만날 약속을 하다, 약속	yuēhuì			
约好	约好			
yuēhǎo 약속하다	yuēhǎo			
失望	失望			
shīwàng 실망하다	shīwàng			
汉堡	汉堡			
hànbǎo 햄버거	hànbǎo			
房价	房价			
fángjià 집값	fángjià			
涨	涨			
zhǎng (값이) 오르다	zhǎng			
倍	倍			
bèi 배	bèi			

华丽 huálì 화려하다	华丽 huálì			
优雅 yōuyǎ 우아하다	优雅 yōuyǎ			
一时 yìshí 우발적으로	一时 yìshí			
发脾气 fā píqi 성질을 부리다	发脾气 fā píqi			
害 hài 해치다, 해를 입히다	害 hài			
意见 yìjiàn 불만	意见 yìjiàn			
足够 zúgòu 충분하다	足够 zúgòu			
地点 dìdiǎn 장소	地点 dìdiǎn			
守时 shǒushí 시간을 지키다	守时 shǒushí			
习惯 xíguàn 습관이 되다	习惯 xíguàn			

MP3 W11-01

1 녹음을 듣고 빈칸을 채워 보세요.

① 男朋友出门正好赶上 _____ ，一直堵在路上了。

② 男朋友堵在路上了，女朋友在路边 _____ 了半天。

③ 男朋友迟到了，女朋友很 _____ 。

④ 男朋友很 _____ ，把时间看错了。

MP3 W11-02

2 녹음을 듣고 알맞은 답을 고르세요.

① A 十五分钟　　　　B 三十分钟　　　　C 六十分钟

② A 没下班　　　　　B 下班了　　　　　C 不确定

③ A 六点　　　　　　B 不固定　　　　　C 很晚

④ A 不确定　　　　　B 生气　　　　　　C 不生气

MP3 W11-03

3 녹음을 듣고 내용과 일치하는 문장에는 O, 일치하지 않는 문장에는 X표 하세요.

① (　　　) 女的会迟到半个小时。

② (　　　) 男的会迟到半个小时。

③ (　　　) 男的赶上晚高峰了。

④ (　　　) 男的迟到了，女的很生气。

4 괄호의 단어를 문장의 알맞은 위치에 넣으세요.

① 你 A 我 B 最好 C 的朋友 D 吗?　　　　　　　　　(不是)

② 要是 A 想出去玩 B ,你 C 先做完作业 D 不可。(非得)

③ A 他一时 B 发脾气 C 害了 D 自己。　　　　　　(而)

④ A 我 B 来说他是 C 世界上 D 最重要的人。　　　(对)

5 아래 단어들을 재배열하여 문장을 완성하세요.

① 等你 / 的 / 我 / 咖啡厅 / 吧 / 旁边 / 先去

　⋯▶ _____

② 在 / 不 / 每天 / 私企工作 / 我 / 下班时间 / 固定 / 一家

　⋯▶ _____

③ 是 / 我 / 的 / 电影 / 星期天 / 看

　⋯▶ _____

④ 就 / 谁知 / 了 / 早 / 他 / 俩 / 分手

　⋯▶ _____

⑤ 非得 / 不用 / 吃 / 去 / 炸酱面 / 北京

　⋯▶ _____

⑥ 来说 / 学 / 对 / 英语 / 很容易 / 他 / 好

　⋯▶ _____

6 다음 예문에 이어질 문장을 보기에서 골라 번호를 쓰세요.

> **보기**
>
> A 好的，一会儿见。
>
> B 我没生气呀。
>
> C 不好意思，我遇上晚高峰了。
>
> D 还没有，领导找我有点儿事。

① 你到哪里了? (   )

② 我先去咖啡厅等你吧。(   )

③ 别生气了好吗? (   )

④ 快下班了吗? (   )

7 다음 한국어 문장을 중국어로 번역하세요.

① 정말 미안해요, 시간을 잘못 봤어요.

   ···▶ _____

② 그녀는 점점 나에게 실망하고 있는데, 나는 도대체 어떻게 해야 할까?

   ···▶ _____

③ 우리는 택시를 타고 간 것이다. (是…的 구문 사용)

   ···▶ _____

④ 당신 꼭 이렇게 해야겠어요?

   ···▶ _____

放假 fàngjià 방학하다	放假 fàngjià				
寒假 hánjià 겨울 방학	寒假 hánjià				
过春节 guò chūnjié 구정을 쇠다	过春节 guò chūnjié				
主要 zhǔyào 주로, 대부분	主要 zhǔyào				
团圆 tuányuán 한자리에 모이다	团圆 tuányuán				
尤其 yóuqí 특히, 더욱	尤其 yóuqí				
除夕 chúxī 섣달 그믐날(밤)	除夕 chúxī				
北方 běifāng 북쪽	北方 běifāng				
南方 nánfāng 남쪽	南方 nánfāng				
鱼肉 yúròu 생선(의 살)	鱼肉 yúròu				

有余 yǒuyú 여유가 있다	有余 yǒuyú		
安排 ānpái 일정	安排 ānpái		
过年 guònián 설을 쇠다	过年 guònián		
购票 gòupiào 표를 사다	购票 gòupiào		
抢 qiǎng 빼앗다, 탈취하다	抢 qiǎng		
挤 jǐ 꽉 차다, 붐비다	挤 jǐ		
上洗手间 shàng xǐshǒujiān 화장실에 가다	上洗手间 shàng xǐshǒujiān		
团聚 tuánjù 한자리에 모이다	团聚 tuánjù		
舞狮子 wǔ shīzi 사자춤을 추다	舞狮子 wǔ shīzi		
眼睛 yǎnjing 눈	眼睛 yǎnjing		

合理 hélǐ 합리적이다	合理 hélǐ				
座位 zuòwèi 좌석, 자리	座位 zuòwèi				
书架 shūjià 책꽂이	书架 shūjià				
无法 wúfǎ ~할 수 없다	无法 wúfǎ				
所有的 suǒyǒu de 모든	所有的 suǒyǒu de				
吃亏 chīkuī 손해보다	吃亏 chīkuī				
打工 dǎgōng 아르바이트(하다)	打工 dǎgōng				
伟大 wěidà 위대하다	伟大 wěidà				
音乐家 yīnyuèjiā 음악가	音乐家 yīnyuèjiā				
不断的 búduàn de 부단한	不断的 búduàn de				

MP3 W12-01

1 녹음을 듣고 빈칸을 채워 보세요.

① 快放假了，大伟打算回家过 ＿＿＿＿＿＿＿＿ 。

② 大伟的老家是个小城市，在那儿过春节比在北京 ＿＿＿＿＿＿＿＿ 多了。

③ 大伟觉得现在网上 ＿＿＿＿＿＿＿＿ 应该比以前方便。

④ 大伟说春节主要就是家人 ＿＿＿＿＿＿＿＿ 。

MP3 W12-02

2 녹음을 듣고 알맞은 답을 고르세요.

① A 买了 　　　　B 没买 　　　　C 不确定

② A 旅游 　　　　B 回老家 　　　　C 不确定

③ A 不确定 　　　　B 没买到 　　　　C 买到了

④ A 不热闹 　　　　B 很热闹 　　　　C 一般

MP3 W12-03

3 녹음을 듣고 내용과 일치하는 문장에는 O, 일치하지 않는 문장에는 X표 하세요.

① (　　　　) 男的昨天买了火车票。

② (　　　　) 女的昨天买了火车票。

③ (　　　　) 男的是下周三的火车。

④ (　　　　) 女的是下周三的火车。

4 괄호의 단어를 문장의 알맞은 위치에 넣으세요.

① 最近 A 房子很难买 B ，有 C 钱也买不 D 。　　　　　(着 zháo)

② 教室里 A 坐 B 了人，没有一个空 C 的座位 D 。　　　(满)

③ 就算是 A 伟大的 B 音乐家，C 需要 D 不断的练习。　(也)

④ 爬山 A 、跑步 B 、游泳什么 C ，他都喜欢 D 。　　(的)

5 아래 단어들을 재배열하여 문장을 완성하세요.

① 难买 / 我 / 过年 / 很 / 火车票 / 听说

   ⋯⋯▸ ＿＿＿＿＿＿＿＿＿＿＿＿＿＿＿＿＿＿＿＿＿＿

② 才 / 我 / 过年的票 / 抢到 / 好不容易 / 回家

   ⋯⋯▸ ＿＿＿＿＿＿＿＿＿＿＿＿＿＿＿＿＿＿＿＿＿＿

③ 时间 / 要 / 安排 / 合理 / 你 / 地

   ⋯⋯▸ ＿＿＿＿＿＿＿＿＿＿＿＿＿＿＿＿＿＿＿＿＿＿

④ 山顶 / 山上 / 站 / 满 / 到了 / 已经 / 了 / 一看 / 人

   ⋯⋯▸ ＿＿＿＿＿＿＿＿＿＿＿＿＿＿＿＿＿＿＿＿＿＿

⑤ 不好吃 / 没关系 / 吧 / 不好吃 / 就

   ⋯⋯▸ ＿＿＿＿＿＿＿＿＿＿＿＿＿＿＿＿＿＿＿＿＿＿

⑥ 我 / 明天 / 要去 / 就算 / 下雨 / 也

   ⋯⋯▸ ＿＿＿＿＿＿＿＿＿＿＿＿＿＿＿＿＿＿＿＿＿＿

6 다음 예문에 이어질 문장을 보기에서 골라 번호를 쓰세요.

> **보기**
>
> A 上周从网上买了。
> B 以前很热闹，现在变了。
> C 爸爸说让我回去过春节。
> D 昨天就放假了。

① 你也快放假了吧? (   )

② 你放假回老家吗? (   )

③ 你们那里过春节怎么样? (   )

④ 你买到火车票了吗? (   )

7 다음 한국어 문장을 중국어로 번역하세요.

① 내일 비가 온다고 하더라도, 나는 가야 한다.

  ⋯▶ _____

② 오늘 저녁에 무슨 계획이 있나요?

  ⋯▶ _____

③ 이 점이 특히 중요하다.

  ⋯▶ _____

④ 녠예판은 설 전날 밤에 온 가족이 먹는 밥이다.

  ⋯▶ _____

Memo

외국어 출판 40년의 신뢰
외국어 전문 출판 그룹
동양북스가 만드는 책은 다릅니다.

40년의 쉼 없는 노력과 도전으로 책 만들기에 최선을 다해온 동양북스는
오늘도 미래의 가치에 투자하고 있습니다.
대한민국의 내일을 생각하는 도전 정신과 믿음으로 최선을 다하겠습니다.

📖 동양북스

📖 동양북스 추천 교재

일본어 교재의 최강자, 동양북스 추천 교재

회화 코스북

일본어뱅크 다이스키
STEP 1·2·3·4·5·6·7·8

일본어뱅크
좋아요 일본어 1·2·3·4·5·6

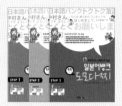

일본어뱅크 도모다찌
STEP 1·2·3

분야서

일본어뱅크
좋아요 일본어 독해 STEP 1·2

일본어뱅크
일본어 작문 초급

일본어뱅크
사진과 함께하는
일본 문화

일본어뱅크
항공 서비스 일본어

가장 쉬운 독학
일본어 현지회화

수험서

일취월장 JPT
독해·청해

일취월장 JPT
실전 모의고사 500·700

일단 합격하고 오겠습니다
JLPT 일본어능력시험
N1·N2·N3·N4·N5

일단 합격하고 오겠습니다
JLPT 일본어능력시험
실전모의고사 N1·N2·N3·N4/5

단어·한자

특허받은
일본어 한자 암기박사

일본어 상용한자 2136
이거 하나면 끝!

일본어뱅크
좋아요 일본어 한자

가장 쉬운 독학
일본어 단어장

일단 합격하고 오겠습니다
JLPT 일본어능력시험
단어장 N1·N2·N3

중국어 교재의 최강자, 동양북스 추천 교재

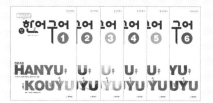

중국어뱅크 북경대학 신한어구어
1·2·3·4·5·6

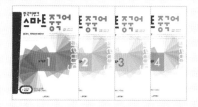

중국어뱅크 스마트중국어
STEP 1·2·3·4

중국어뱅크 집중중국어
STEP 1·2·3·4

중국어뱅크
뉴! 버전업 사진으로
보고 배우는 중국문화

중국어뱅크
문화중국어 1·2

중국어뱅크
관광 중국어 1·2

중국어뱅크
여행실무 중국어

중국어뱅크
호텔 중국어

중국어뱅크
판매 중국어

중국어뱅크
항공 실무 중국어

정반합 新HSK
1급·2급·3급·4급·5급·6급

일단 합격 新HSK 한 권이면 끝
3급·4급·5급·6급

버전업! 新HSK
VOCA 5급·6급

가장 쉬운 독학
중국어 단어장

중국어뱅크
중국어 간체자 1000

특허받은
중국어 한자 암기박사

📖 동양북스 추천 교재

기타외국어 교재의 최강자, 동양북스 추천 교재

중고급 학습

| 첫걸음 끝내고 보는 프랑스어 중고급의 모든 것 | 첫걸음 끝내고 보는 스페인어 중고급의 모든 것 | 첫걸음 끝내고 보는 독일어 중고급의 모든 것 | 첫걸음 끝내고 보는 태국어 중고급의 모든 것 | 첫걸음 끝내고 보는 베트남어 중고급의 모든 것 |

단어장

| 버전업! 가장 쉬운 프랑스어 단어장 | 버전업! 가장 쉬운 스페인어 단어장 | 버전업! 가장 쉬운 독일어 단어장 | 가장 쉬운 독학 베트남어 단어장 |

여행 회화

NEW 후다닥 여행 중국어 · NEW 후다닥 여행 일본어 · NEW 후다닥 여행 영어 · NEW 후다닥 여행 독일어 · NEW 후다닥 여행 프랑스어 · NEW 후다닥 여행 스페인어 · NEW 후다닥 여행 베트남어 · NEW 후다닥 여행 태국어

수험서 · 교재

| 한 권으로 끝내는 DELE 어휘 · 쓰기 · 관용구편 (B2~C1) | 수능 기초 베트남어 한 권이면 끝! | 버전업! 스마트 프랑스어 | 일단 합격하고 오겠습니다 독일어능력시험 A1 · A2 · B1 · B2 |